KB136814

당신의 일상에 교양 더하기,

돈을 부르는 예술로 그 꿈을 이루기를 바랍니다.

주식보다 안전하고 부동산보다 수익 좋은

월 10만 원 그림 투자 재테크

한혜미 지음

쌤앤파커스

c o n t e n t s

프롤로그

그림을 잠시 잊고 살았던 당신에게

"Art is anything you can get away with."
(예술은 당신이 일상을 벗어날 수 있는 모든 것이다)

_ 앤디 워홀

미술은 참 독특한 예술이다. 음악을 듣고 공연을 보면서 "이건 얼마의 가치가 있는 거야.", "이 작가의 다른 작품이 얼마에 거래됐대."라는 말은 잘 안 한다. 그런데 유독 미술품에 대해서는 빈번하게 돈으로 환산한다. 그러다 보니 예술품의 경제적 가치를 논하면 부정적인 시선도 따라온다. 예술을 상업적으로 평가하는 것은 예술의 가치를 떨어뜨리는 일일까?

조금 더 비교해보자. 작곡가는 곡을 쓰고, 시인과 소설가는 글을 쓰고, 화가는 그림을 그린다. 여기까지는 같다. 그런데 예술작품을 선보인 이후부터 다르다. 노래와 글은 대중이 언제 어디서나 즐길 수 있지만, 미술품은 특정 장소를 찾아가야 감상할 수 있고 거래되어야 화가에게 수익이 발생한다. 즉, 화가는 돈을 벌려면 꾸준하게 그림을 그리고 전시하고 팔아야 한다. 그러나 현실적으로 모든 작품을 팔기가 어려워서 화가는 돈을 벌기 위해 또다시 그림을 그린다. 팔리지 않는 그림이 쌓이면서 화가의 경제적 상황은 더욱 어두어진다. 물론 극소수의 유명 화가는 다르다. 미술품을 수집하는 컬렉터들은 웃돈을 주면서까지 그들의 작품을 소장하려고 한다. 시간이 지날수록 그림값은 나날이 상승하고, 어느덧 그 작품은 '가치 있는 자산'으로 인정받게 된다. 이러한 이유로 그림투자는 상류층의 재테크처럼 여겨졌다.

그런데 시대가 변했다. 이제는 다양한 방법을 통해 누구나 수익을 낼 수 있다. 그림을 쉽게 사고파는 미술시장이 열리면서 단돈 10만 원으로도 그림투자를 할 수 있게 된 것이다. 컬렉터가 소수에서 대중으로 확대되면서 그림 취향만큼이나 투자법도 다양해졌다. 어떤 사람은 회화 대신에 판화나 굿즈에 투자하고, 어떤 사람은 신진작가를 발굴해서 쏠쏠하게 수익을 올리고, 어떤 사람은 소장하고 있던 그림을 경매에 내놓아 큰 시세차익을 거둔다. 심지어 그림을 빌려주고 월세처럼 대여료를 받거나, 작품을 보지도 않고 온라인으로 작품의 소유권을 사고팔기도 한다. TV에서나 볼 수 있는 인물들이 아니라 우리 주변에 있는 평범한 사람들이 말이다.

컬렉터들이 그림을 많이 구매하면 무엇이 좋을까? 화가들은 더 좋은 작품을 많이 선보일 수 있고, 좋은 그림을 구매하려는 컬렉터들은 더욱 많아지게 된다. 수요가 많으니 그림값은 계속 상승하고 화가들은 작업에 집중할 수 있어 작품 세계가 더욱 다양하고 깊어진다. 내로라할 만한 국내 작가가 탄생하면 미술사에 새로이 기록될 위대한 작품이 나올 가능성이 커진다. 미술품을 투자의 대상으로 보는 것은 따가운 시선을 받을 일이 아니라, 미술계를 꽃 피우는 일이고 예술의 발전에 꼭 필요한 일이다.

미술에 처음 접근하는 일은 누군가에게는 굉장히 어려울 수 있다. 어렸을 때 "그림을 못 그린다.", "미술에 재능이 없다."는 이야기를 들으며 미술 과목에서 낮은 점수를 받았던 사람들에게는 더욱이 힘든 일이다. 그런데 지금 당신이 미술품 재테크에 귀가 솔깃하다면, 아트딜러로 일해온 나의 경험상 최소한의 미적 감각을 가진 사람이다.

게다가 재테크를 해야겠다고 마음먹은 적이 있다면 그림투자에 더욱 적합하다. 쉽고 색다른 재테크가 될 수 있기 때문이다. 미술품을 가까이하면 예술적 안목을 기를 수 있고, 현물자산을 소유할 수 있어 안정적이다. 그림값은 주식처럼 아침저녁으로 바뀌지 않는다. 다른 재테크 수단들에 비해 변동이 크지 않고, 큰돈이 필요한 것도 아니라 부담되지 않는다. 적게는 몇만 원 단위로 시작할 수 있고, 방법에 따라 고정수익까지 만들 수 있다.

발 빠른 사람들은 그 가치를 알아보고 미술품을 사고팔고 있다. 최저시급을 받으며 아르바이트 하는 20대 대학생, 결혼을 준비하는 30대 직장인, 자녀들의 미래를 걱정하는 40대 학부모, 은퇴 이후를 걱정하는 50대 중장년층, 새로운 인생을 계획하는 60대 은퇴자들은 각자의 주머니 사정에 맞게 예술을 즐기면서 수익을 올리고 있다. 이들은 누군가의 혼이 담긴 예술작품으로 미래를 준비하고, 더 나은 미래를 설계한다. 그중에는 미술을 전공하고 오랫동안 공부해온 나도 있다.

와인은 마시면 사라지고, 명품 가방은 사용할수록 닳지만 예술작품은 다르다. 좋은 작품은 집에 걸어두고 볼 수 있으며, 시간이 지날수록 가치가 상승한다. 또 나의 문화적 취향을 발견하고, 자기 자신을 찾아가는 시간도 마련할 수 있다. 사느라 바빠 그림을 잠시 놓고 살았다면 차별화된 경제적 자유를 누리며 문화생활을 펼쳐보자. 통장에 1만 원, 10만 원, 100만 원, 1,000만 원이 있다면 당장 그림을 사야 하는 이유다.

그림투자는 '일상을 벗어나는 예술 활동'인 동시에 '일상에 가장 충실할 수 있는 재테크'라는 점에서 매력적이다. 그러나 그림투자의 달콤한 면만 보고 뛰어들기에는 만만하지 않다. 누군가는 수익을 보고 절세 혜택을 받는 동안 또 다른 누군가는 섣부르게 판단해서 작품을 팔지 못해 전전긍긍한다. 때로는 몇몇 플랫폼이 위험해 보이는 투자 시스템을 홍보하며 매혹적인 덫을 놓는다. 혹여나 잘못된 거래로 미술을 사랑하는 이들이 일종의 배신감을 느낄까 봐 걱정되어 책을 쓰기로 결심했다. 그러니 이 책을 읽는 분들은 그림투자를 '안전하게 즐기면' 좋겠다. 그래서 나와 내 고객들처럼 미술품으로 각자가 바라는 즐거움을 누리기를 희망한다.

이 책은 1차적으로는 그림투자에 성공하고 싶은 이들을 위해 썼다. 그림투자를 제대로 알고 싶은 사람들을 위한 책이다. 그래서 지인들의 투자 실패와 성공 사례들을 상세히 실었고, 어떻게 하면 좋은 그림을 발견할 수 있는지, 작품을 살 때 조심해야 할 것은 무엇인지 그림투자에 대해 궁금해하는 모든 것을 담았다. 이 책을 통해 궁극적으로 그림을 그리는 사람과 즐기는 사람이 모두 행복해지기를 기대한다. 일상을 예술로 만드는 그림투자 재테크에 마음을 뺏길 준비가 되었다면 지금 귀 기울여보자.

아트딜러 한혜미

CHAPTER 1

손에 쥘 수 있어야 '자산'이다

한순간의 실수?
미래를 내다본 안목?

그림투자로 200억 원을 번 사람의 이야기를 아는가? 200억이라니, 평생 일해도 만지지 못하는 사람이 대다수인데 6년 만에 손에 쥔 한 남자가 있다. 때는 2001년, 아버지와 이틀 동안 술을 진탕 마신 아들이 이야기의 주인공이다.

할리우드 배우 휴 그랜트는 이틀 동안 과음을 즐기다가 문득 미술경매에 앤디 워홀의 작품이 나온다는 소식을 떠올렸다. 당시 출품작은 〈리즈Liz #5〉로, 앤디 워홀이 당대 최고의 스타였던 엘리자베스 테일러의 전성기 모습을 담은 초상화다. 해당 작품은 그가 만든 13점 중 하나인데, 재클린 케네디와 마릴린 먼로의 초상화와 함께 실크스크린*으로 제작되었다. 그는 술김에 비서에게 연락해서 무조건 사라고 지시했고, 비서는 200만 파운드(한화 약 38억 원)에 작품을 낙찰 받았다. 그로부터 6년 후인 2007년, 휴 그랜트는 그림을 다시 경매장에 내놓는다.

당시 경매는 큰 주목을 받았다. 그의 지난 선택이 한순간의 실수였을지 혹은 선견지명이었을지 밝혀지는 순간이었기 때문이다. 일각에선 휴 그랜트가 소장했던 이력이 작품에 프리미엄으로 작용할 것이라는 추측도 오갔다. 모두가 궁금했던 작품의 낙찰가는 놀랍게도 1,300만 파운드(한화 약 246억 원)였다. 휴 그랜트의 선택이 약 200억 원의 시세차익을 만든 것이다. 물론 그는 이미 여러 점의 작품을 컬렉팅한 소문난 미술애호가였다. 술에 취해서 구매한 작품이긴 했어도 운만 적용된 것이 아닌, 안목이 있는 현명한 컬렉팅이 시세차익으로 이어진 것이다. 어찌됐건 그의 결정은 200억이 넘는 차익을 기록하며 미술사의 유쾌한 일화로 남았다.

몇백 억의 시세차익이 누구에게나 통용되는 흔한 이야기는 아니다. 그러나 어쩌다 한 번 등장하는 신기한 이야기도 아니다. 컬렉터들의 다양한 일화를 통해서 전해지기 때문이다. 1962년에 앤디 워홀의 또 다른 작품인 〈라벤더 마릴린 No.1〉은 500달러에 판매되었는데, 해당 작품이 2002년에 시장에 다시 나왔을 때는 462만 9,500달러(한화 약

* 공판화의 기법이다. 작품의 질을 유지하면서 단시간에 대량생산이 가능해 주로 상업적인 포스터나 인테리어 디자인 등에 이용된다. 색상이 강하고 선명한 것이 특징이어서 강렬한 시각적 효과가 있다.

1964년 뉴욕에서 앤디 워홀이 <리즈> 시리즈 앞에 서 있다.

파블로 피카소 <파이프를 든 소년>, 1905

47억 원)에 팔렸다.

피카소의 1905년 작 〈파이프를 든 소년Boy with a pipe〉은 1950년 3만 달러에 거래되었으나, 10년이 채 지나기도 전인 2004년에 약 1억 400만 달러(한화 약 1,200억 원)에 낙찰되었다. 1950년에 피카소의 〈누드, 초록 잎과 상반신〉을 1만 9,800달러에 샀던 컬렉터는 2010년에 1억 640만 달러(한화 약 1,200억 원)에 팔아서 5,000배가 넘는 시세차익을 거두었으며, 미국의 추상표현주의 화가 빌럼 데 쿠닝Willem de Kooning의 〈오레스테스Orestes〉는 1986년 18만 달러에 거래되었다가 2002년에 1,320만 9,500달러(한화 약 136억 5,000만 원)에 판매되었다.

모두 우리가 살아가는 동시대에 일어난 일이다. 그림을 사고팔며 몇천, 몇만 배까지 시세차익을 보는 것, 우리는 이것을 그림투자라고 부른다. 미술품 재테크, 아트테크, 미술투자 등 다양한 용어로 알려졌으며, 오래전부터 아는 사람들은 꾸준히 해오던 재테크의 한 방법이다. 그러다 보니 '소수의 부유한 사람들만 할 수 있는 투자'라는 편견이 뒤따랐다. 그런데 이제는 미술시장의 대중화와 인터넷의 발달로 '누구나', '쉽게' 하고 있다.

신진작가의 그림이 매력적인 이유

중국 현대미술의 4대 천왕 웨민쥔岳敏君의 〈처형

Execution〉을 아는가? 과거 신진작가였던 그가 1995년에 한 컬렉터에게 작품을 5,000달러에 판매했다. 어느 날, 컬렉터의 지인이 작품을 보고 반해서 사고 싶어 했다. 컬렉터는 금액을 몇 배로 높여서 판매하고 높은 시세차익을 봤다고 좋아했다. 그러나 그것도 잠시였다. 이후 웨민쥔은 꾸준한 활동으로 작품성을 인정받으며 작품가격도 함께 쭉 상승했다. 2006년에 경매시장에 등장한 〈처형〉은 590만 달러(한화 약 55억 원)에 낙찰되었다. 5,000달러였던 작품이 590만 달러의 가치가 되다니! 비록 첫 컬렉터는 몇 배의 수익을 본 것에 행복했겠지만 훗날 다른 이가 1,000배의 수익을 거두었다는 사실을 알았을 때 얼마나 배가 아팠을까?

사람들은 이렇게 미술품을 구매하는 이들에게 "그림에 돈을 쓴다."고 말한다. 그러나 실제로 컬렉터들은 돈을 쓰는 것 이상의 가치를 얻기 위해 작품을 구매한다. 그들은 작품을 통해 얼마나 많은 것을 얻는지 잘 알고 있다. 그림을 구매하는 것은 자신의 취향을 사는 일이고 현물자산에 투자하는 일이기 때문이다. 왜 원화를 두고 유니크 피스unique piece라고 부를까? 컬렉터들은 세상에 단 하나뿐인 작품을 소장하는 감동을 느낄 준비가 된 사람들이다.

내가 좋아하는 미술품을 구매하는 짜릿함은 경험해본 이들만 공감한다. 그러니 서점에서 책을 고르듯 전시회나 다양한 플랫폼에서 그림을 골라보자. 남의 말만 듣고 나에게 어울리지 않는 옷을 사는 것처럼 유행을 좇아 그림을 덜컥 사는 실수는 하지 말자. 좋아하지 않는 그림은 후회만 남길 뿐이다. 또 당신이 직접 고른 작품이 당신을 돈방석에 앉힐 것이라고 누가 장담할 수 있겠는가. 그래서 컬렉터들이 하나같이 "내가 좋아하는 그림을 사야 행복하다."고 말한다.

당신이 발을 들인 그림투자의 세계가 얼마나 매력적인지, 그렇게 당신의 삶이 얼마나 풍요로워질 것인지 차차 알아가게 될 것이다. 좋아하는 화풍이 없어도, 유명한 예술가가 누군지 몰라도 그림을 살 수 있다. 카페에 걸려 있던 그림에 왠지 모르게 눈길이 갔거나, 집에 걸고 싶었던 그림이 한 점만 있어도 그림투자를 충분히 할 수 있다. 좋아하는 그림이 떠오르지 않는다면, 이 책에서 소개하는 다양한 아트페어나 온라인 플랫폼에 일단 발을 들여보자. 당신이 클래식과 대중가요 중에 선호하는 음악 장르가 무엇인지, 당신이 머무는 공간을 꾸밀 때 어떤 분위기를 추구하는지, 친한 친구들의 성향은 어떤지 곰곰이 생각해보면 당신의 취향을 발견할 수 있다. 그 취향을 바탕으로 어떤 작품에 눈길이 가는지 살펴보면 좋아하는 그림을 고를 확률이 올라간다.

미술시장의 흐름과 그림투자의 방향을 제시해줄 수 있는 사람이 있다면 최대한 도움을 얻는 것이 좋다. 훗날 작품을 되팔 것을 고려한다면 '나만 좋아하는 그림'보다 '다른 이도 좋아하는 내 스타일의 그림'을 고르는 게 값이 오를 가능성이 크다. 이를 위해서는 예술적 안목을 높이려는 노력도 필요하다.

편의점에서 파는 2,000원짜리 커피 대신 스타벅스에서 5,000원대

커피를 마시고, 100만 원짜리 유럽행 비행 편에 오르는 것은 그만한 가치가 있기 때문이다. 그럼에도 불구하고 사람들은 유독 그림에 가치 평가가 박했다. 어려서부터 미술품이 주는 감동과 그만한 경험을 할 기회가 부재했기 때문이다. 그림은 컬렉터에게 세상에 단 하나뿐인 스페셜 에디션이자 미래를 설계하는 가장 확실한 방법이다. 한두 달만 여윳돈을 모아도 할 수 있는 값진 경험을 더는 미루지 말자.

클릭해서 미술품을 사고파는 시대

전형적인 데이트 코스라고 하면 보통 맛있는 식사를 하고 카페에서 음료를 마신다. 서점, 영화관, 쇼핑몰, 야외 데이트를 돌아가며 반복했더니 살짝 지겹다. 특별한 데이트를 해보려고 전시회를 검색해보니 인기 있는 곳은 인당 2만 원 가까이 되는 입장료가 부담된다. 어쩌다 한 번은 괜찮지만 매주 찾아갈 수도 없는 노릇이다. 우리가 돈을 내고 가는 미술관은 주 수익이 티켓 판매에서 나오기 때문에 입장료가 높을 수밖에 없다. 무료 전시회를 찾아보면 어떨까?

갤러리는 판매를 위한 전시 공간이기 때문에 대부분의 전시가 무료다(갤러리형 카페는 식음료비가 발생할 수 있다). 그림을 보면서 연인이나 동반자의 취향을 자연스럽게 알 수 있고, 운이 좋으면 전시회에서 작가의 설명을 직접 들을 수도 있다. 그런데 최근에는 많은 갤러리가 코로나 때문에 오프라인 전시를 축소하고 온라인 갤러리를 함께 운영하기 시작했다. 온라인 뷰잉룸으로 고객들과 소통하며, 색상, 사이즈, 가격에 맞춰서 원하는 작품을 구매할 수 있도록 소개한다.

고객은 실물을 직접 보지 않아도 작품의 느낌과 작가의 이력, 인테리어 등을 고려해 작품을 구매할 수 있다. 작품의 실제 컨디션과 작가의 비전 같은 세부사항을 알고 싶은데 그림을 직접 보러 갈 수 없다면 전화 상담을 병행하기를 추천한다. 아트딜러에게 실물 사진을 요청하거나 조언을 구해서 작품을 구매하면 더 확실하다. 갤러리는 판매가 목적이므로 상담에 호의적이다. 그러니 궁금한 내용을 당당하게 물어보자.

구매한 그림을 갤러리에 되팔 수도 있을까? 여기에 대한 대답은 갤러리마다 다르다. 작품을 재매입하는 곳도 있지만, 사지 않는 경우가 대부분이다. 마치 백화점에서 명품 가방을 구매해 착용하다가 매장에 가서 다시 사달라고 하는 것과 같다. 갤러리는 대부분 지속적인 판매를 통해 작가의 이름을 알리는 것이 목적이기에, 큰 문제가 없는 한 재매입하지 않는다. 판매를 도와주는 갤러리라면 자체적인 컬렉터 층을 보유할 정도로 오래되었거나 규모가 매우 커서 고객 관리를 위해 일종의 서비스로 제공할 것이다(의무사항은 아니다). 또 투자 성향이 강한 갤러리는 고객 유치를 위해 되파는 것을 도와주기도 한다.

일부 갤러리는 "해당 작품을 일정 기간까지 보유한다."는 조항을 제시하기도 한다. 작가가 이력을 쌓아보기도 전에 작품이 경매시장에서 낮은 가격에 낙찰 받으면 전체 작품가격에 영향을 미치기 때문이다. 예를 들어 갤러리에서 500만 원에 거래되고 있는 작품이 경매시장에 나왔는데, 마침 경매에 참가한 응찰자들 중에 작품을 마음에 둔 사람이 없었다고 하자. 250만 원에 거래되었다면 해당 작가의 다른 작품가격까지 모두 흔들리게 된다. 갤러리나 작가의 입장에서는 그림이 너무 이르게 경매시장에 나올 경우에 발생할 수 있는 리스크를 피하려는 것이다. 그림 구매 계약서를 살펴보면 이런 조항을 확인할 수 있다.

그렇다면 무료 전시회와 온라인 전시회 정보는 어떻게 얻을 수 있을까? 다음에서 소개하는 웹사이트와 인스타그램, 유튜브를 참고해보자. 미술시장에 대한 전반적인 흐름을 살펴보는 데 유용하다.

*** 웹사이트**

서울아트가이드 www.daljin.com

네오룩 www.neolook.com

더아트로 www.theartro.kr

아트K뉴스 www.artnews.or.kr

아트허브 www.arthub.co.kr

*** 인스타그램**

아트다쇼(@artda_show)

아트맵(@artmap.official)

월간미술(@monthly_art)

아트인컬처(@artinculture)

*** 유튜브**

널 위한 문화예술

김찬용 아싸티비

아트메신저 이소영

예술산책 Art Walk

집에서 편하게 즐기는 방구석 전시회

아트페어란 전국 또는 각 지역의 갤러리 혹은 작가들이 모인 미술작품 박람회와 같은 자리다. 미술시장의 이슈를 한눈에 볼 수 있다는 장점이 있다. 아트페어를 비엔날레와 혼동하기도 하는데 엄연히 다르다. 아트페어는 매년 열리지만 비엔날레는 2년에 한 번씩 개최된다. 또한 아트페어가 미술품 판매에 목적이 있는 '아트마켓'의 모습이라면, 비엔날레는 동시대의 미술 흐름을 담으려는 실험적이고 학술적인 모습에 가깝다.

안타깝게도 2020년에 코로나로 인해 전 세계의 유명 아트페어가 취소되었다. 이에 국내외에서 다양한 온라인 아트페어가 열렸다. 시간과 장소에 구애받지 않고 언제 어디서나 작품을 감상할 수 있다는 장점이 있다. 온라인을 통해 참여 갤러리의 작품 정보와 가격을 확인할 수 있으며, 작품을 구매할 수도 있다.

세계 3대 아트페어로 스위스 바젤 아트페어, 프랑스의 피악 아트페어, 미국의 시카고 아트페어 또는 영국 런던의 프리즈 아트페어를 꼽는다. 각 나라의 문화를 담아내며, 아트페어마다 각각의 특징이 있다. 스위스의 바젤 아트페어는 세계 아트페어 중에서 가장 오래되었고, 프랑스의 피악 아트페어는 대중적이고 축제성을 강조한다. 미국의 시카고 아트페어는 미국 작가들 위주로 홍보하며, 영국 런던의 프리즈 아트페어에는 젊은 작가들의 작품이 많다.

언택트 시대에 미술관이 기한 없이 문을 닫고 온라인 전시가 새로운 대안으로 떠올랐다. 그 시초는 집에서 편하게 즐길 수 있는 전시 플랫폼 '구글의 아트앤컬처(artsandculture.google.com)'다. 스마트폰에 앱을 다운받아 사용할 수 있고, PC에서 이용할 수 있는 사이트도 제공한다. 전 세계 2,000여 개의 미술관, 박물관과 손잡고 가상 전시를 선보이고 있으며, 누구나 전 세계의 작품 컬렉션을 온라인으로 감상할 수 있다. 방구석에서 반 고흐의 〈별이 빛나는 밤〉을 고해상도로 즐길 수 있으며,

전문가가 선별한 가이드 투어를 통해 전 세계의 예술작품을 즐길 수 있다. 집콕하면서 미술품을 감상하고 예술적 안목을 기르는 시대가 열린 것이다. 이 외에도 전 세계적으로 유명한 온라인 미술 사이트를 소개한다.

*** 해외 컬렉터가 주목하는 온라인 미술 플랫폼**

아트시Artsy(www.artsy.net)

아트넷Artnet(www.artnet.com)

사치아트Saatchiart(www.saatchiart.com)

퍼스트딥스1stdibs(www.1stdibs.com/art)

코로나 팬데믹이 온라인 전시를 앞당긴 것은 사실이지만, 사실 코로나와 상관없이 온라인 전시 관람에 대한 수요는 늘 있었다. 그렇기 때문에 온라인 전시는 앞으로 미술계에서 주된 트렌드가 될 것으로 보인다. 새로운 형태의 전시 관람이나 예술 트렌드 변화에 관심이 많다면 이번 기회에 적극적으로 체험해보자.

투자 타이밍이 한눈에 보이는 그림투자사

한국 미술사에 기록을 갱신하는 거장 김환기 화백이 또 해냈다. 2019년 11월 23일 그의 작품 〈우주Universe 5-IV-71 #200〉가 홍콩경매에서 한화로 131억 8,750만 원에 낙찰되면서 한국 역사상 최초로 낙찰가 100억 원을 넘는 기록을 달성한 것이다. 경매사의 수수료를 포함하면 낙찰자가 지불한 비용은 총 153억 5,000만 원이다. 매번 그의 낙찰가는 미술시장에서 뜨거운 이슈가 되었는데, 이번에 그가 갱신한 작품 기록은 당분간 그만이 깰 수 있다는 말이 오갈 정도다. 이는 단순히 기록 갱신을 넘어서 한국 미술시장의 가능성을 보여주었다.

이와 같이 미술작품이 경매에서 높은 가격에 낙찰된 사례는 대중의 이목을 집중시킨다. 낙찰된 가격이 얼마인지, 누구의 작품인지, 스토리가 있는 작품은 그 일화까지 각종 매체에서 보도된다. 이렇게 엄청난 미술품들의 경매를 주도하는 경매회사로는 세계적으로 유명한 소더비Sotheby's와 크리스티Christie's가 있다. 국내에는 서울옥션과 케이옥션이 있다. 설립일은 소더비가 1744년, 크리스티가 1766년, 서울옥션이 1998년, 케이옥션이 2005년이다.

그렇다면 경매회사가 생기기 이전에는 미술품 거래를 하지 않았을까? 아니다. 미술품이 거래되는 시장은 미술의 역사와 함께해왔으며, 경매는 그 일부였다. 다만 미술경매를 통해 평가하기 어려웠던 예술품의 가격이 수면 위로 끌어올려졌다. 미술품의 경제적인 가치, 즉 자산으로써의 가능성이 응찰가와 낙찰가로 모두에게 공개된 것이다. 그렇다면 한 작품에 매겨질 수 있는 가격은 어디까지일까? 루브르박물관에 있는 〈모나리자〉는 프랑스가 멸망해도 팔지 않을 것이라는 이야기가 있다. 한 나라와도 뒤바꿀 수 없는 예술품의 가치를 가격으로 환산하기란 어려운 일이다. 그럼에도 일부 작품들은 경매를 통해 가격이 공개되었다. 전 세계적으로 가장 비싸게 거래된 작품들 Top3를 소개한다.

3위는 피카소가 "나의 유일한 스승"이라고 언급한 폴 세잔의 〈카드 놀이하는 사람들〉이다. 2억 5,000만 달러(한화 약 2,800억 원)에 거래되었다. 폴 세잔은 '현대미술의 아버지'라고 불리며 미술사에 굵직한 획을 그은 인물인데, 그는 이 작품을 총 5점 제작했다. 거래된 작품은 그중 한 점으로 2011년 4월에 카타르 왕족이 그리스 해운 재벌로부터 구매했다.

2위는 빌럼 데 쿠닝의 〈인터체인지Interchange〉로 3억 달러(한화 약 3,300억 원)에 거래되었다. 그는 미국의 추상표현주의 작가로 분홍과 노랑 등 특유의 화사한 색감을 사용해서 그림에 자유분방한 느낌을 표현했다. 〈인터체인지〉는 2015년 9월에 금융회사 시타델의 창립자이자 최고 경영자인 케네스 그리핀이 데이비드 게펜의 재단으로부터 구매했다. 당시 그는 이 작품뿐만 아니라 잭슨 폴록의 〈넘버 17A〉를 2억 달러(한화 약 2,400억 원)에 함께 구매하는 통 큰 면모를 보여주었다.

1위는 레오나르도 다 빈치의 〈살바토르 문디Salvator Mundi〉다. 르네상스 시대의 천재 예술가가 그린 〈살바토르 문디〉는 크리스털 구슬을 한 손에 올려놓고 다른 손으로 축복을 내리는 예수의 초상화를 담고 있다. 2017년에 무려 4억 5,030만 달러(한화 약 5,300억 원)에 팔리며 세계에서 가장 비싸게 거래된 작품으로 기록되었다. 뉴욕 크리스티 경매에서 사우디 왕자 모하메드 빈 살만이 이 작품을 구매했다. 한때 위작 논란에 휩싸여 10만 원이 채 안 되게 거래되었지만 이후 진품으로 밝혀지면서 가격이 급격하게 올라갔다.

국내 그림투자의 역사

세계 미술시장에 투자자들이 본격적으로 발을 들인 것은 1980년 후반~1990년대로 추정된다. 소더비가 "미술품으로 투자를 한다."는 마케팅을 시작하면서 투자자들의 발길을 모았다. 국내의 미술품 투자 호황기는 그로부터 20년 뒤인 2007년도로 추정된다. 당시 미술시장에 대한 뜨거운 관심으로 대규모의 아트펀드가 국내에 도입되었다.

2006년 국내에 처음 등장한 아트펀드는 갤러리가 작품을 선정하고 자산운용사가 펀드를 운용하는 방식으로 운영되었다. 여러 투자자들이 미술품에 지분을 투자하고 몇 년 후에 팔아서 발생하는 시세차익을 분배하는 방식이었다. 미술품으로 수익을 내는 아트펀드는 당시 많은 투자자의 주목을 받았다. 증권사와 유명 화랑이 손잡고 '목표 수익률 10% 이상'이라는 대대적인 홍보도 시행했다. 약 100억 원이 모였으니 미술시장의 호황기라고 부를 만했다.

그러다 2008년 금융위기로 세계경제에 불황이 닥쳤다. 주식이 폭락하고 많은 이들이 현금 확보에 나섰다. 미술품을 팔려는 사람은 많았지만 사려는 사람이 부족했고, 결과적으로 아트펀드는 기대와 다른 결과를 맞이했다. 여기에 작품의 가격 논란과 탈세 등 부정적인 시선이 더해져 국내에 처음으로 선보인 그림투자의 결과는 참혹했다. 그렇게 아트펀드의 열풍은 조용히 수그러졌다.

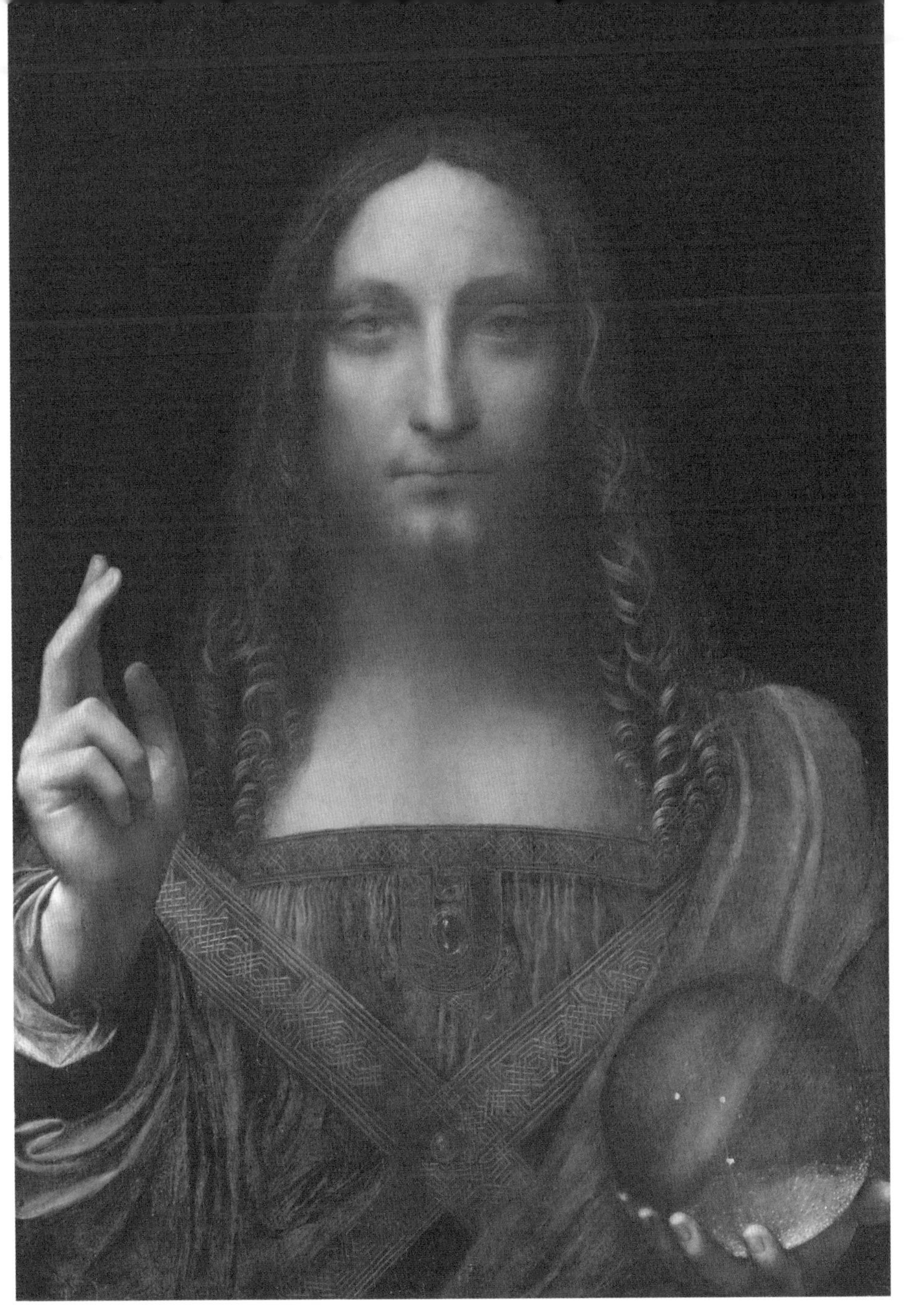

레오나르도 다 빈치 <살바토르 문디>, 1500년 경

침체기를 맞은 듯 보였지만 미술시장은 조용히 확장하고 있었다. 2010년 미술시장에 '단색화' 바람이 불었다. 2015년에는 〈뉴욕타임스〉가 한국의 단색화를 소개할 정도였으니 바람은 가히 열풍으로 바뀌었다. 단색화란 한국 현대미술에서 최소한의 단순화된 색으로 구상된 추상회화다. 2000년 제3회 광주비엔날레의 특별전인 〈한일 현대미술의 단면〉 전을 기획한 윤진섭 미술평론가에 의해 처음 시작된 용어로 알려져 있다.[*] 한 가지 색이나 같은 계통의 색조를 사용하여 그리는 모노크롬 회화와 비슷해서 초기에는 '한국의 모노크롬 회화'로 불렸으나, 이제는 한국 현대미술에서 하나의 장르로 굳건한 입지를 다졌다.

색과 면이 조화를 이루고 '한국의 정서와 정신'이 담겨 있어 동양화의 신비함으로 해석되기도 한다. 1970년대 중반 이후부터 한국적인 것을 고민하던 작가들로 구성된 단색 화가들이 이때 빛을 발했다. 그들은 우리나라만의 미학을 담았다고 평가받으며, 대표적으로 이우환, 윤형근, 박서보, 정상화 작가가 있다. 이들의 작품은 수많은 컬렉터의 러브콜을 받았고, 현재까지도 높은 가격에 거래되고 있다. 시대의 흐름을 타고 자신의 작품성과 철학을 인정받은 작가들이 고유의 팬을 만들어 낸 것이다. 이는 결과적으로 작가들의 인지도를 상승시켜서 작품가격에도 큰 영향을 미쳤다. 여기서 유의할 것은 모든 작가의 단색화 작품이 높은 가격에 거래되지는 않는다는 점이다. 유행이라고 섣부르게 사

* '단색화, 새로운 비평의 시작'에 관한 발언, <월간 미술세계> 2016년 2월호.

는 태도는 위험할 수 있다.

급팽창하고 있는 국내 미술시장

그렇다면 국내 미술품의 거래 규모는 어느 정도 일까? 현재 우리나라 미술시장 규모는 GDP 대비 0.02% 규모로 평균 0.1% 이상인 선진국 대비 성장 가능성이 매우 높은 시장으로 평가받고 있다. 이에 발맞추어 정부에서도 적극적인 세제 혜택을 제공하는 등 다양한 미술산업 육성 정책을 펼치고 있다. 문화체육관광부와 예술경영지원센터가 발간한 〈2019 미술시장실태조사〉에 따르면 우리나라에서 한 해 동안 판매된 미술품 총액은 2018년 기준 약 4,400억 수준이다. 같은 해 스타벅스코리아 매출액이 약 1조 5,000억 원이므로 3분의 1 수준이다. "미술품은 한 점에 몇십 억 원씩 하는 거 아니었어?"라는 의문이 든다면 국내 미술시장의 규모가 얼마나 작은지 짐작할 수 있다.

2018년 세계 미술시장 규모는 약 74조 원에 달하며, 미술품 거래 총액의 84%가 미국, 중국, 영국 시장에 의해 점유되고 있다(미국이 33조 원, 중국이 14조 원, 영국이 15조 원). 이에 비하면 국내 미술품의 투자시장은 매우 작지만, 뒷장의 그래프를 보면 2014년부터 급성장하고 있다. 그만큼 많은 투자 기회가 있다는 뜻이기도 하다.

같은 해 기준 판매 작품 수는 경매회사 47.5%, 갤러리 29.4%, 아

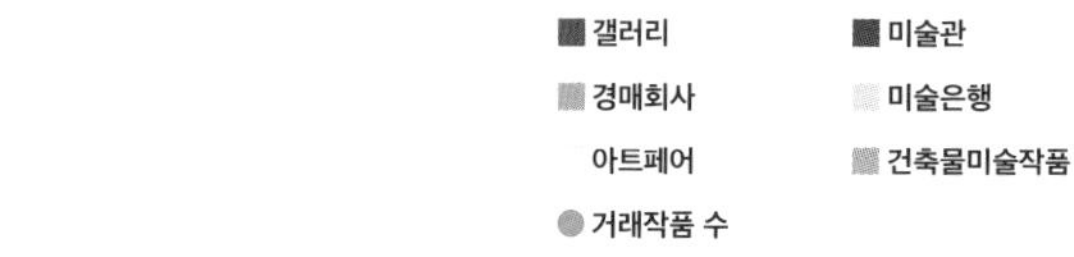

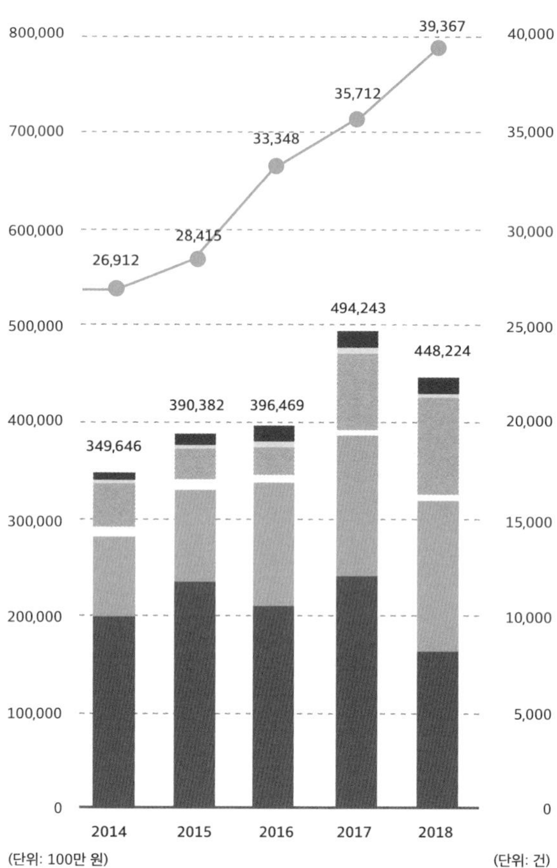

국내 미술시장 거래 규모 추이(출처: 〈2019 미술시장실태조사〉)

트페어 23.2%로 경매회사가 가장 높은 비중을 차지하고 있다. 실제 판매액은 갤러리 46.5%, 경매회사 36%, 아트페어 17.5%다. 이렇듯 많은 작품이 경매회사와 갤러리를 통해 거래되고 있다. 미술 관계자와 업체 수는 갤러리가 월등히 높은데, 이는 갤러리가 그동안 미술품을 선보이는 주요 매개자 역할을 했음을 알려준다. 최근 갤러리는 주요 역할은 그대로 이어오고 있지만 카페를 병행하거나 공간을 공유하는 등 매우 다양하게 변모해왔다. 작품전시 및 홍보 등은 더욱 전문화되고 세분화되었으며, 언론과 매체 노출, 기자 간담회, 비즈니스 플랫폼 활용, 아티스트 토크 등 다양한 문화행사를 함께 진행하고 있다.

미술품 투자시장의 규모가 급성장한 만큼 그림투자의 방법도 다양해졌다. 2020년에 들어서면서 미술품 공동구매를 주관하는 온라인 플랫폼들이 등장했다. 여러 투자자를 모집한다는 점에서는 아트펀드와 유사하다. 그러나 누구나 쉽게 접근하고 정보를 주고받을 수 있으며, 1,000원으로도 시작할 수 있어 새로운 개념의 투자 방식으로 각광받고 있다. 또한 과거의 아트펀드가 갤러리와 자산운용사로 구성되었다면, 공동구매는 온라인 플랫폼이 주도적으로 운영한다. 플랫폼이 경매회사에 위탁판매를 하면 그 수수료는 고객들이 나눠서 지불하는 방식이다. 플랫폼을 통해 고수익을 냈다는 소식은 여러 신문기사와 뉴스, SNS 등을 통해서도 쉽게 접할 수 있다.

구매한 미술품으로 바로 수익을 내는 그림투자도 등장했다. 갤러리가 마치 은행과 같이 컬렉터에게 연 수익률을 직접적으로 제시한다. 갤러리는 제휴작가 중심으로 작품을 판매하고, 고객은 작품을 갤러리에 다시 위탁했을 때 그에 대한 수수료를 월세처럼 지급받는다. 놀라운 것은 고객들이 실제로 해당 수익률을 받고 있다는 것이다. 이에 컬렉터와 투자자들의 발길이 더해지면서 고객들이 늘어나고 있다.

과거에는 아트컬렉팅에서 아트테크로 자연스럽게 연결되었다면, 2020년은 '아트테크를 위한 아트테크'가 본격적으로 시작된 해다. 여기에는 시대적인 상황도 작용했다. 코로나로 온라인 미술시장이 활성화된 것이 첫 번째 요인이다. 전시들이 갑작스레 취소되면서 미술시장은 전반적으로 위축되었으나, 그동안 더디게 성장했던 온라인 미술시장이 급성장했다. 작품을 보지도 않고 모바일로 미술품을 사고파는 행위도 늘었다. 더해서 불안한 경제 상황은 대중을 주식, 부동산과 같은 재테크로 모여들게 했다. 너도나도 주식을 사들이기 시작했으며, 전 국민이 재테크에 관심을 집중했다. 최근에 만난 고객들도 이러한 영향을 받아 갤러리를 찾았으며, 대다수가 그림을 구매하려는 목적이 재테크라고 말했다.

이제 아트테크는 주식과 같이 쉽게 접할 수 있는 용어가 됐다. 사람들은 TV나 SNS에 연예인들의 집이 공개되면 어떤 미술품을 갖고 있는지 주목하며 그들의 취향과 안목을 추측하곤 한다. 유명 연예인들은 미술관이나 갤러리에서 볼 법한 고가의 미술품을 집에 전시한다. 또한 예술을 좋아하는 많은 사람이 멋스러운 집 안 분위기를 만들고 자신의 취향을 내보이기 위해 미술품을 집 안으로 들이기 시작했다. 이렇듯 예술품이 한 사람의 안목을 반영하고 자산으로 인정되는 시대에 접어들면서 고급스러운 아트 라이프를 형성하게 된 것이다.

지금까지 국내 그림투자의 어제와 오늘을 간략하게 살펴보았다. 세계 미술시장에 비하면 규모가 매우 작지만 국내 미술시장은 가파르게 성장하고 있다. 게다가 코로나로 인해 온라인 시장이 활성화되면서 젊은이들이 홈아트 인테리어와 재테크를 목적으로 그림투자에 뛰어들고 있다는 것도 확인했다. 과거 그림투자의 단점들이 완벽히 보완되면서 투자를 더 망설일 이유가 없어졌다. 이제 그림투자의 기회가 보이는가? 좀 더 깊이 들어가 꾸준히 진화하는 미술시장을 학습하고 그림투자의 장단점 및 수익 전망을 살펴보자.

성공적인 그림투자를 위한 마인드 셋

우리가 그동안 미술품을 선뜻 구매하기 어려웠던 이유는 주위에서 미술품으로 돈을 번 사람을 보지 못했기 때문이다. 불과 10년 전에 생긴 비트코인만 해도 건너서 아는 사람이 돈깨나 벌었다는 이야기를 전해 들을 수 있는데, 왜 그림투자로 돈 번 이야기는 우리의 귀에 들리지 않았을까?

이유는 단순하다. 그림투자의 주체와 특징 때문이다. 미술품은 누구나 쉽게 사기에는 심적 부담이 있다. 미술에 대한 소양이 높아야 할 것 같고, 작품을 구매한 후에 보관이나 관리를 신경 써야 해서 구매가 망설여졌다. 사치품으로 구매하기에는 갤러리의 문턱이 높았고, 경제적인 자산으로 접근하기에는 더욱 부담되었다. 그런 탓에 부동산이나 주식보다 훨씬 적은 소수의 사람들만 그림투자를 했고, 그러다 보니 투자 후기가 상대적으로 빈약할 수밖에 없었다. 그림을 구매한 이가 적으니 수익을 본 사람은 더 적었다. 부담 없이 그림을 구매해온 이들은 우리가 짐작할 수 있는 특정 층이다. 부유층이거나 순수한 마음으로 예술을 사랑하는 사람들이었다.

부유층은 자산이 드러나길 원하지 않으니 미술품 거래 기록을 굳이 밝히지 않았다. 다른 국가보다 한국에서 상대적으로 작품의 이전 소장자를 알기 어려운 것도 이러한 특징을 반영한다. 그러니 그들이 작품을 거래해서 차익을 봤다고 해도 대중이 알 수 없었다. 공개할 의무가 없기 때문이다. 또한 순수하게 예술을 좋아해서 미술품을 샀다면 더욱이 되파는 것이 목표가 아니다. 소장한 작품에는 컬렉터의 고민과 사연, 추억이 담겨 있을 것이다. 높은 가격에 거래된다면 좋기야 하겠지만 그것이 그림을 구매한 목적은 아니니 말이다.

미술시장의 특징은 어떨까? 되팔아서 시세차익을 얻고자 한다면, 작품을 구매한 후에 작가가 유명해지길 기다려야 한다. 다른 재테크보다 상대적으로 인내심이 필요한 것이 그림투자의 특징이다. 또한 미술시장에도 '유행'이 있다. 한때 단색화 열풍으로 관련 미술품들이 미술시장에 속속 등장했다. 수요자가 많으니 가격 역시 쭉쭉 올랐다. 그런데 지금은 어떨까? 내가 갖고 있는 작품이 언제 유행할지 짐작하기 어려울 뿐더러, 현재 유행하고 있더라도 작가의 인지도가 현저히 낮으면 재테크와는 관련 없는 이야기가 된다. 매일 손 안에서 주식의 흐름을 체크해도 고점과 저점을 모르는데, 매일 체크하기 어려운 미술품을 선뜻 사고팔기가 어려웠던 것이다.

그림투자를 위해 구매하는 것은 '예술작품'이다. 시세차익을 보지 못했더라도 현물자산이 남기 때문에 '손해'를 봤다고 단정 짓기는 어렵다. 그림투자를 두고 '실패'라는 단어를 쓰기 어려운 이유다. 그러나 재테크의 한 수단으로 보는 이들에게는 암담한 결과일 뿐 아니라 최악의 상황에서는 미술 자체를 불신하게 만드는 결과를 초래한다. 이러한 이유들로 우리는 주변에서 그림으로 돈 좀 벌었다는 후기를 접하기 어려웠다. 누구나 자유롭게 거래하기에는 문턱이 높았고 미술시장은 낯설었다.

만약 단점들이 보완되고 주식이나 비트코인처럼 미술품을 쉽게 사고팔 수 있는 시장과 분위기가 형성된다면 어떨까? 누구나 살 수 있고, 더 나아가 재테크의 한 수단으로 자리 잡아서 돈을 벌 수 있다는 '확신'이 있다면 이야기가 달라지지 않을까? 그 시장이 형성되었을 때 당신은 그림투자의 노하우를 이미 알고 있다면 남들과는 다른 출발점에서 부를 거머쥘 기회를 얻을 수 있을 것이다.

사실 미술시장은 이미 '아는 사람을 위한 재테크 수단'의 단계까지 올라왔다. 작품을 구매했다가 되팔아서 시세차익을 보는 사람도 있고, 고가의 작품을 분할 소유해서 구매하는 이들도 있으며, 소장한 그림을 임대를 맡김으로써 대여료를 받는 등 다양한 방법으로 주위에서 하고 있다. 금액도 천차만별이다. 몇만 원에서부터 집 한 채 가격을 훌쩍 넘기기도 한다. 무턱대고 시작했다가 돈은 날리고 그림만 남는 경우가 있는 반면, 어떤 이들은 몇천 배의 시세차익을 남기고 있다.

당신이 그림투자를 한 것 같은데 수익을 올리지 못했다면 그건 재테크가 아니었다. 그저 좋아하는 예술작품을 향유한 것일 뿐이다. 다시 말하자면 돈을 손에 쥐어야 재테크로 이어질 수 있다. 주식을 할 때 내 계좌로 수익이 들어오기 전까지 진짜 돈을 번 게 아니듯, 미술작품도 팔아서 수익을 보기 전까지는 그림투자가 아니다. 방법은 매우 쉽다. 어떤 작품에 적용되는지만 알면 된다. 미술품을 거래하기 전에 몇 가지를 살펴야 하는 이유다.

손실만 보고 있다면 재테크를 점검할 때

투자에 대해 치열하게 공부하고 발품을 팔았는데도 수익을 보지 못했다면 당신의 재테크 방식을 점검할 때다. 손해 보지 않는 투자의 첫 번째 원칙은 자금을 어떻게 활용할지 '목적성'을 정확히 하는 것에서 시작한다. 재테크를 하는 사람들은 하나의 방법에만 올인 하지 않는다. 위험도가 높은 금융상품의 비중이 높다면 상품 구성의 비율을 조정해 리스크를 최대한 줄여야 한다.

당신의 재테크 방식에 그림투자를 넣기로 했다면 '아트컬렉팅'과 '아트테크'부터 명확히 구분할 수 있어야 한다. 미술품을 감상하는 것이 목적이라면 당신이 하려는 것은 아트컬렉팅이다. 수익을 내는 아트테크가 목적이라면 미술품을 자산으로써 구매한 후 경제적인 가치를 누릴 수 있어야 한다. 여기서는 아트테크, 즉 그림투자를 하려는 사람들을 위한 금액별 그림투자 방법을 소개한다. 투자자의 성향과 평균 금액선에 따라 다음과 같이 나눌 수 있다. 편의상 '공동구매', '위탁렌털', '시세차익'으로 나눠서 설명하겠다.

초보 그림투자자일수록 공동구매, 위탁렌털, 시세차익 순서대로 추천한다. 미술을 아예 모른다고 하면 소액부터 차근차근 시작해보는 것이 좋다. 공동구매는 작품 한 점의 소유권을 분할해서 퍼즐 조각처럼 나눠 갖는 방식이다. 국내 작가 중 작품가격이 가장 비싼 김환기 화백부터 세계적인 거장 피카소의 작품까지 단돈 1만 원으로도 부담 없이 소유할 수 있다. 해외주식에 소수점으로 투자하는 미니스탁과 함께 20, 30대 투자자들에게 매우 인기가 좋다.

나의 지인은 최근에 미술품으로 15%가 넘는 수익률을 올렸다. 이우환 화백의 작품을 공동구매 한다는 소식을 모 플랫폼에서 발견하고 호기심에 100만 원을 투자했는데 수익이 발생한 것이다. 물론 공동구매에 참여하고 한동안은 후회했다. 몇 개월이 지나도 작품이 판매되지 않았기 때문이다. 언제 팔릴지도 모르고, 공동구매로 구매한 작품이라

	공동구매	위탁렌털	시세차익
평균 금액선	1~100만 원	500만~2억 원	다양함
작품 선정	플랫폼 관계자가 1차 선정	갤러리에 있는 작품을 추천받거나 고객이 직접 선정	원하는 루트 (작가, 컬렉터, 갤러리, 아트페어, 경매, 온라인 플랫폼 등)에서 직접 선정
감상 방법	해당 플랫폼의 전시관	설치된 장소에 따라 다름	원하는 곳에서 가능
판매 방법	해당 플랫폼에서 진행 (작품을 구매한 구성원의 50% 이상 동의 시 판매 가능)	위탁판매 요청	미술경매, 컬렉터 간 거래, 갤러리 위탁 등 판매자 선정
작품 관리	담당 플랫폼	담당 갤러리	컬렉터가 직접 관리
환금성	최대 2년 (또는 약정기간)	약 1~3년 또는 원하는 시기에 판매 가능 (갤러리에 따라 다름)	작품 판매 시 가능 (작가의 인지도 상승 및 작품에 따라 평균 5~10년을 고려해야 함)
수수료	플랫폼 중개수수료, 위탁판매 수수료 분할 부담	렌털료 입금 시 3.3% 원천징수, 작품 판매 시기에 따라 별도 수수료 발생 가능	아트딜러, 갤러리, 경매 등 플랫폼에 따라 별도 수수료 발생 가능
주의점	회사 도산 시 보호받기 어려움		구매 및 재판매를 직접 해야 함

집에 걸어두고 볼 수도 없었다. 당장은 좋아하는 작가의 작품 소유권을 부분이나마 가졌다는 만족감이 전부였다.

그렇게 조금씩 잊어가던 어느 날, 한 통의 문자를 받았다. 구매 후 6개월이 지난 시점이었다. 작품의 매각 여부를 두고 소유권을 가진 전원에게 발송된 문자였다. 작품을 분할해서 구매했기 때문에 과반수가 동의할 경우 판매절차를 따른다는 내용이었다. 반신반의하며 동의했던 그는 며칠 후 반가운 이야기를 접했다. 작품이 20.67%라는 높은 시세차익을 보며 팔렸다는 것이다. 판매한 곳의 수수료와 약 5%대의 플랫폼 수수료를 제외하니, 118만 3,982원이라는 꽤 쏠쏠한 금액이 들어왔다. 그는 직접 경험해보며 '그림으로 돈 번다.'는 말을 이해했다. 은행에 100만 원을 맡기면 1년 동안 이자가 약 5,000원인데(2012년 2월 기준), 그림에 투자했더니 6개월 만에 18만 3,982원이 되었다. 만약 1,000만 원 혹은 억대 작품에 투자했다면 차익이 얼마나 났을까?

그렇게 미술시장의 흐름을 경험하면 그다음으로 위탁렌털을 통해 안정적인 수익을 올려보자. 미술품이 어떤 방식으로 수익을 창출하는지 알아보고, '돈을 버는' 경험을 이어가면 미술시장에 대한 신뢰가 쌓인다. 그 경험을 토대로 갤러리 또는 아트페어에서 직접 작품을 구매해 컬렉팅 하는 것이다. 시세차익이란 주식, 부동산, 미술작품 등을 매수한 이후 가격이 상승한 시점에 되팔아 차익을 보는 투자법을 말한다. 직접 작가를 발굴해보고, 나아가 미술경매까지 진출해 차익을 남겨보자. 이쯤 되면 국내외 작가에게 직접 작품을 구매하는 테크닉도 생길 것이고, 국내외 사이트에서 유망한 작품을 알아보는 안목도 생길 것이다. 이때는 거의 준전문가 수준이라 할 수 있다.

그러나 유의할 것은 미술품 판매업체는 금융투자업체가 아니라는 점이다. 공동구매와 위탁렌털은 회사가 도산할 경우 투자금을 100% 보호받기가 어렵다. 그래서 플랫폼을 신중하게 선정해야 한다. 중개업체를 거치지 않고 작가에게 작품을 완전 매입하는 경우에도 유의할 사항이 있다. 컬렉터가 판매를 직접 진행하기 때문에 시장의 흐름을 잘 읽을 수 있어야 하고, 경매장의 분위기를 대략 파악하고 있어야 한다. 이와 관련된 자세한 내용은 뒤에서 다룰 예정이다.

재테크 목적으로 그림을 구매했다가 재미를 본 경우도 있지만, 되팔고 싶을 때는 구매할 때의 가격조차 건질 수 없는 경우도 있다. 솔직하게 말하면 후자를 경험하는 이들도 많다. 왜일까? 일단 주위에 그림투자를 하는 사람이 별로 없으니 정보가 많지 않고, 작가가 작품 활동을 열심히 하길 기다려야 하니 인내심이 필요할 뿐더러 미술시장의 흐름을 읽는 눈과 안목이 부족하기 때문에 소위 말하는 '실패'를 경험하는 것이다. 그렇기 때문에 앞서 소개한 방법으로 쉽고 안전하게 수익을 내는 경험부터 쌓아야 한다.

목돈이 있어야 재테크를 할 수 있다는 말은 옛말이다. 소액을 점차 불려가는 자본 증식은 이제 필수다. 주식, 펀드, 부동산, 상가, 토지투자, 비트코인에 이어 마지막 투자처는 미술시장이라고도 한다. '내가 그림투자를 할 수 있을까?'라는 의문이 여전히 든다면 다음을 참고해보자. 내가 만난 사람들 가운데 이런 분들이 그림투자를 통해 높은 만

족도를 얻었다.

1. 나만의 라이프스타일을 가꾸고 싶은 사람
2. 현물에 투자하여 안전자산을 갖고 싶은 사람
3. 경제 상황, 감가상각에서 자유롭고 싶은 사람
4. 부동산, 주식 세금 계산이 골치 아픈 사람
5. 예술로 안목을 높이고 싶은 사람

이 중에서 한 개라도 해당된다면 그림투자 재테크를 통해 예술적 감각을 한껏 끌어올리고 달콤한 수익이라는 두 마리 토끼를 잡을 가능성이 높다. 그림투자를 해보고 싶어졌다면 당신의 성향에 맞는 그림투자 방법을 살펴보도록 하자.

내 성향에 맞는 그림투자 방법은?

다음은 갤러리에서 고객을 만날 때 내가 체크하는 내용이다. 질문에 답변하고 나면 당신에게 맞는 그림투자법을 찾을 수 있다. 그림 취향과 투자 성향, 적정 금액을 바탕으로 잃지 않는 현명한 투자에 도전해보자.

다음 10개 문항에서 해당하는 번호를 골라 체크하세요.

1. 나는 평소 미술에 관심이 있다

① 그렇다 □ ② 아니다 □ ③ 관심은 없으나 싫어하지 않는다 □

1-1) 1번에서 '그렇다'일 경우 내가 아는 화가는 몇 명인가?

① 1~5명 □ ② 6~10명남짓 □ ③ 셀 수 없이 많다 □

1-2) 1번에서 '그렇다'일 경우 나는 추상화, 팝아트, 초현실주의 미술을 구분할 수 있다

① 그렇다 □ ② 아니다 □ ③ 어렴풋이 가능하다 □

1-3) 1번에서 '그렇다'일 경우 주위에 내가 아는 미술 전문가가 3명 정도 있다

① 그렇다 또는 훨씬 많다 □ ② 아니다 □ ③ 잘 모르겠다 □

2. 나는 그림을 구매해본 경험이 있다

① 있다 □　　② 없다 □　　③ 나는 없지만 주변에 있다 □

2-1) 2번에서 '그렇다'일 경우 내가 산 그림을 판매해서 수익을 본 적이 있다

① 그렇다 □　　② 아니다 □　　③ 구매 경험은 있어도 판매한 경험은 없다 □

---

3. 나의 그림 취향은 어느 쪽에 가까운가?

①

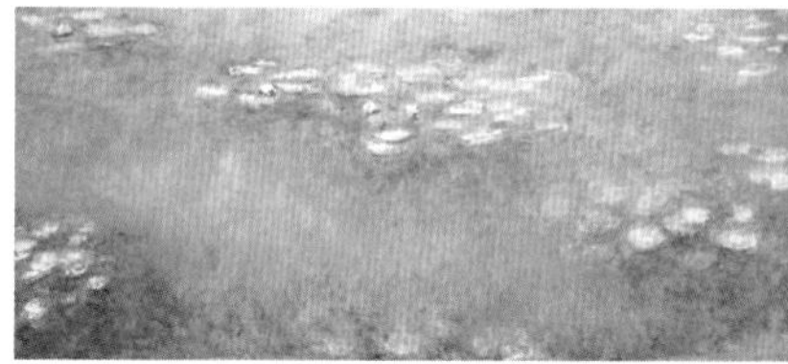

끌로드 모네 <워터 릴리스Water Lilies>

②

파울 클레 <부유한 항구Rich Harbor>

③

알폰스 무하 <르 파테의 머리그림으로부터From The Frontispiece Of Le Pater>

---

4. 재테크(투자)를 해본 경험이 있다

① 있다 □ ② 없다 □ ③ 관심만 있다 □

4-1) 4번에서 '그렇다'를 선택한 경우 나의 투자 성향은 어떠한가?

① 안정을 추구한다 □ ② 가능성 있는 상품에 올인 한다 □ ③ 전문가의 조언에 따른다 □

4-2) 4번에서 '그렇다'를 선택한 경우 투자했을 때 수익률은?

① 높다 □ ② 낮다 □ ③ 무난하다 □

1번, 2번, 3번에서 답변한 개수를 세어보세요. 해설은 다음 페이지에 있습니다.

① ____개 ② ____개 ③ ____개

해 설

1번이 가장 많다면 당신은 준전문가 수준의 그림투자자다. 이 책을 통해 아는 내용을 정리하거나 필요한 부분을 찾아 부족한 정보를 채워가도록 하자. 하고 있는 그림투자가 있다면 수익을 더 낼 수 있는 방법을 찾아보고, 그림투자의 경로를 넓혀보는 건 어떨까? 10년 미만 경력의 신진작가의 작품을 구매하는 것도 새로운 도전이다. 블루칩 작가의 작품만 눈여겨봤다면 그동안 쌓은 안목으로 새로운 작가를 발굴해보자.

추천 그림투자: 국내외 미술경매 참여하기(127페이지), 아트페어에서 작품 구매 후 재판매하기(119페이지), 신진작가의 작품 구매하기(75페이지)

추천 금액선: 연봉의 20~30% 또는 1,000만 원 이상

2번이 가장 많다면 그림투자에 대해 아는 것은 별로 없지만 호기심이 가득한 상태일 것이다. 그림투자는 관심에서 시작한다. 이 책을 통해 미술과 재테크에 대해 차근차근 공부하고 경험을 쌓는다는 생각으로 소액투자에 도전하기를 추천한다. 가까운 전시나 미술경매, 온라인 전시에 참여만 해도 훌륭하다. 그곳에서 보고 들은 굵직한 작가들의 다른 작품이 공동구매에 나오는 경우도 많으니 시작부터 무리하지 말고 천천히, 쉬운 것부터 접근해보자.

추천 그림투자: 미술품 공동구매하기(67페이지)

추천 금액선: 여윳돈, 100만 원 전후

3번이 가장 많다면 미술에 관심은 있는데 막상 투자하려니 막막한 상황일 것이다. 우선 그림을 사서 무엇을 얻길 바라는지 고민해보자. 그림으로 할 수 있는 것들은 다양하다. 심리적인 안정을 얻을 수 있고, 라이프스타일을 구축할 수 있으며, 재테크로 얻는 투자수익을 기대할 수 있고, 문화산업과 예술가들을 위한 후원도 가능하다. 당신은 어느 쪽에 가까운가?

심적 안정을 찾고 라이프스타일을 만들고 싶다면 취향에 맞는 작가와 작품을 찾아본 뒤에 판매처(갤러리, 경매)를 알아보는 방법이 있다. 아트페어나 미술경매의 프리뷰에 가보면 다양한 스타일을 한눈에 볼 수 있다. 재테크가 목적이라면 믿을 수 있는 플랫폼이나 갤러리, 미술 관계자를 먼저 찾아보자. 이후 유명한 작가의 유명한 작품을 구매해서 실패할 확률을 줄이거나, 소액으로 판화나 굿즈를 모으는 것부터 시작해보기를 추천한다.

마지막으로 작가들을 후원하고 싶다면 SNS에서 작품을 열심히 홍보하는 그림작가들을 주목해보자. 작품은 작가의 비전을 사는 일이니, 후원할 작가에 대해서 먼저 알아봐야 한다. 이렇듯 목적에 따라 방법은 달라진다. 이 책에서 다양한 사례를 접하고 당신에게 맞는 방법을 찾기를 추천한다.

추천 그림투자: 위탁렌털로 대여료 받기(83페이지), 판화나 굿즈 구매하기(139페이지)

추천 금액선: 여윳돈, 100~3,000만 원 미만

CHAPTER 2

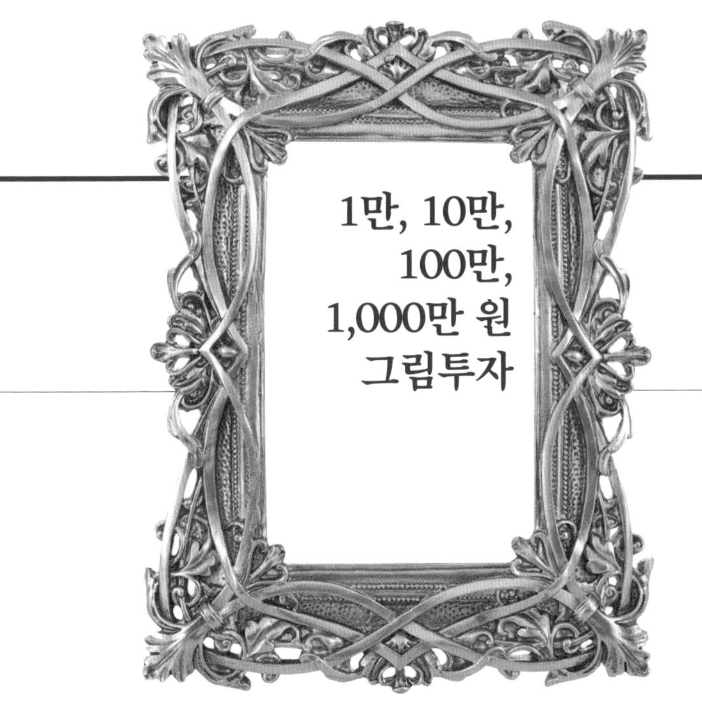

1만, 10만, 100만, 1,000만 원 그림투자

돈과 교양을 책임질 색다른 재테크

"높은 수익을 봤어도 네 돈이 아니야. 계좌로 들어오기 전까진."

주식투자를 하는 친구가 내게 건넨 조언이다. 나는 주식을 시작한 지 며칠 만에 이 말을 가슴에 새길 수 있었다. 운이 좋게 높은 수익률을 기록해서 '조금 더 기다려보자.'고 마음먹었더니, 며칠 사이에 꿈인가 싶을 정도로 주가가 곤두박질쳤기 때문이다. 더는 내려갈 곳이 없어 보였는데 바닥이 있었고 그 밑에 지하가 있었다. 팔 기회는 놓쳤고, 시간은 되돌릴 수 없었다. 물렸다. 오전 8시 50분만 되면 증권사 앱에 접속하려고 휴대폰을 들여다봤는데, 그 일이 내 영혼을 얼마나 갉아먹는지

미처 알지 못했다.

나는 평소 재테크에 관심이 많은 사람이 아니었다. 주변에서 들려오는 재테크 이야기가 나와는 먼 일이라고 생각했다. 그러는 사이에 어떤 사람은 집을 옮겨 다니며 매매차익을 얻었고, 또 다른 사람은 주식으로 내 월급보다 더 높은 수익을 내고 있었다. 재테크에 관심을 가질 수밖에 없었다. 그러나 주식, 부동산 투자와 관련해서 잘 알지 못하니 시야가 좁을 수밖에 없었다. 그런 내가 지금은 가장 사랑하는 '미술'로 재테크를 하고 또 고객들에게 수익을 안겨드리고 있다. 물론 처음부터 아트테크를 생각하고 딜러가 된 것은 아니었다.

학창시절에 미술을 전공한 나는 그림을 그릴 때 여러 경험이 필요하다고 생각해 잠시 다른 일을 했다. 그 사이에 내가 가장 좋아하고 잘할 수 있는 일을 고민하다 확신을 가지고 아트딜러가 되어 미술시장으로 돌아왔다. 미술계는 보수적이고 갑갑한 곳이 아니라 무궁무진한 기회의 땅으로 미묘하게 바뀌어 있었다. 과거의 내가 작품으로 돈을 번다는 말을 지금처럼 몸소 실감했다면, 아마 나의 작품들을 파는 것부터 시작했을 것이다. 나를 잘 마케팅하면 SNS를 통해서 그림을 얼마든지 팔 수 있는 세상이 되었으니 말이다.

지금은 고객들에게 미술작품을 팔고 오히려 감사 인사를 매일같이 듣고 있다. 미술에 문외한이었다고 고백하며 미술작품으로 문화생활을 즐기고 돈까지 벌게 될 줄은 몰랐다고 무척 좋아했다. 기억에 남는 한 고객은 학창시절부터 미술과 거리가 멀었다고 했다. 사회에 나와서는 멋진 커리어 우먼이 되어서 주말에 전시회를 보러 갈 줄 알았지만, 실상은 틈만 나면 쉬느라 바빴다. 그런데 최근 들어 생각이 달라졌다.

나의 추천으로 배진현 작가의 작품을 400만 원에 구매했는데, 몇 개월 후 50%의 수익을 보았기 때문이다. 작가의 호당가격이 상승한 덕분이었다. 작가가 책정 받은 기준값이 올라가면 그가 구매한 작품가격도 동시에 올라간다. 그는 일정 기간 작품을 소장한 후 적당한 때에 팔아서 200만 원의 시세차익을 볼 예정이다. 갤러리에서 되팔아준다는 조항이 있기에 팔리지 않을 걱정은 없다. 그를 대신해서 팔아주는 곳이 있고, 사려는 사람이 단 한 명만 있다면 언젠가는 팔릴 것이다. 수익을 본 그는 작품을 한 점 더 구매할까 생각 중이다. 직접 경험해본 그림투자는 여러 면에서 매력적이었다고 한다.

안전성, 수익성, 절세 효과 최고!

최근 20, 30대의 미술품 구매 문의가 급격하게 늘어났다. 이유는 다양하다. 호기심이 생겼거나 재미삼아서, 결혼자금을 마련하기 위해, 어린 자녀를 위한 미래 대책 또는 혼자 살 미래를 위한 대비도 있다. 불과 1년 전만 해도 20, 30대를 대상으로 강의하던 중에 "그림을 구매한 경험이 있나요?"라고 물으면 "없어요."라고 답하

배진현 〈Somemoment-spring 202051〉, oil on canvas, 2020

거나 "부모님이 구매한 몇 점이 있다."는 대답이 전부였다. 미술품을 왜 사야 하는지, 어떤 장점이 있는지, 투자하면 수익률이 얼마나 발생하는지는 그들의 관심사가 아닌 듯 보였다. 그런데 1년이 채 지나기도 전에 사람들의 인식이 변했다. 언젠가부터 미술품 컬렉팅을 '나만의 라이프스타일'을 만들어가는 일로 생각하기 시작했으며, 미국과 유럽처럼 미술품을 금과 같이 안전자산으로 여기는 인식이 더해졌다. 게다가 미술품에 '나의 가치를 높일 수 있는 예술품'이라는 인식이 더해졌고, 부동산과 주식을 어려워하는 이들이 새로운 구매층으로 연결되었다. 평소 예술이 주는 즐거움을 잘 아는 사람들이 미술시장으로 향하게 된 것이다.

이런 이야기를 들은 적이 있는가? 불황이어서 작품의 가치가 하락했거나, 미술품 때문에 세금 폭탄을 맞았다거나, 미술품의 가격이 실시간으로 변동돼서 컬렉터들이 고뇌한다는 이야기를 말이다. 구매자가 현금을 마련하기 위해 부동산처럼 급매로 내놓는 것이 아니라면, 경제 상황은 '미술품의 가치'에 영향을 미치지 않는다. 물론 경제가 나쁘면 미술시장은 타격을 받는다. 소비심리가 위축되니 그림을 사려는 사람이 줄어들고, 그림이 팔리지 않을수록 작가와 갤러리가 영향을 받기 때문이다. 다시 말하면 경제적 불황에는 수요자인 컬렉터가 아니라 공급자인 예술가와 갤러리가 타격을 받는다. 그래서 일부 컬렉터들은 미술품을 '안전자산'이라고 이야기한다.

게다가 작가가 꾸준히 활동하는 한 작품가격은 상승할 가능성이 늘 열려 있다. 세상에 존재하는 것들 중에서 시간이 지날수록 가치와 가격 상승을 기대할 수 있는 것이 얼마나 될까? 미술품을 사고팔 때 세금 혜택도 결정적이다. 미술품은 세법이 참 깔끔하다. 6,000만 원 미만의 작품이거나, 작가가 생존해 있을 경우 비과세가 적용된다. 설사 세금이 붙더라도 다른 것들과 비교했을 때 파격적으로 낮다.

또한 미술품은 눈에 보이는 현물자산이다. 간직하는 동안 심리적 위안과 기쁨을 줄 수 있고, 인테리어 효과까지 누릴 수 있다(투자 목적으로 그림을 구매했다가 예상하지 못한 감동을 받고 놀라는 분들이 대다수다). 구매자가 누릴 수 있는 가장 큰 특혜는 예술작품이 세상에 단 하나뿐인 한정판이라는 점이다. "그림을 사면 기분이 좋아져요."라고들 하는데 실로 겪어보지 않은 이들은 모른다.

'조물주 위에 건물주'라는 말이 있다. 그럴 수밖에 없다. 먹고살기 힘들다는 말이 날숨처럼 나오는데 꼬박꼬박 월세가 입금되는 건물주는 마냥 부럽고 경이로운 존재다. 그런데 건물주라고 마냥 쉽지만은 않다. 공실에도 세금을 내야 하고 세입자와의 관계를 원만하게 유지해야 한다. 관리 중에 보수비용이 추가적으로 들어갈 수 있고, 세입자가 바뀌면 부동산 중개비용까지 고려해야 한다.

주식도 살펴보자. 투자할 회사에 대해 잘 알아보고, 경제신문에 섞여 있을 가짜 뉴스에 현혹되지 않아야 하며, 전문가들의 의견을 두루 참고해야 한다. 보이지 않는 회사의 가치에 미래에 대한 기대를 주입해서 투자해야 하는데, 성향이 잘 맞지 않으면 이 또한 쉽지 않다. 탄탄해 보이던 회사가 전염병 때문에 하루아침에 흔들릴 것을 누가 알았겠는가? 그리고 "항상 개미가 진다."는 말을 뒤엎고 코로나 이후 믿고 기다린 수많은 개미가 높은 수익을 창출할 줄은 또 누가 알았을까 싶다. 그래서 월스트리트의 전문가들도 주식을 예측하기 어렵다고 말한다.

미술품 거래가 갈수록 오름세다

국내 기관들이 미술품을 사들이고 있다. 대법원, 외교통상부, 대검찰청, 중앙선거관리위원회, 헌법재판소 등 모두 들으면 알 만한 곳들이다. 기사에 따르면 2011년에 정부가 소유하고 있는 미술품은 모두 1만 6,458점으로 작품 평가액은 552억 396만 6,000원으로 나타났다.* 국내 기관은 문화예술진흥법의 제9조에 따라 1만m^2 이상 건축물 시공 시 미술작품을 의무적으로 구매해야 한다. 그렇다면 그 이상으로 구매한 다른 작품들은 어떻게 설명할 수 있을까? 오롯이 후손을 위해서, 문화 향유나 인테리어 효과 등의 이유만으로 미술품을 계속 구매하는 것일까? 나는 기관들이 미술품 컬렉팅을 통해 안전하게 재테크를 하려는 것이라고 생각한다.

---

* "정부 미술품 구입 기관장 맘대로… 대법원 외교통상부 최다 보유", 2011년 3월 17일, 아주경제

국내 기관이 멀게 느껴진다면 주위를 둘러보자. 재테크에 관심이 있는 친구에게 그림투자 혹은 아트테크라고 들어봤는지 물어보면 현재 하고 있을지도 모른다. 작가의 높아진 유명세로 그림값이 올랐다고 자랑하거나 더 오르기를 기다리느라 묵혀두고 있다는 이야기를 들을 수도 있다. 주변에 없다면 인터넷에 '아트테크', '그림투자', '미술품 재테크'와 같은 단어를 검색해보자. 여러 사람들의 후기와 함께 그동안 몰랐던 재테크 세상이 펼쳐질 것이다.

물론 그림투자를 돈만 버는 것으로 생각하면 오산이다. 하나의 작품으로 얻을 수 있는 것은 무궁무진해서, 이를 모두 누리지 못하고 경제적 이득만 바라보는 것만큼 아쉬운 일도 없다. 돈으로 환산할 수 없는 가치가 바로 그림투자의 또 다른 매력이다. 마음에 맞는 작품을 만나는 일은 사랑에 빠지는 일과 같다. 첫 만남에서 큰 충격을 받기도 하고, 그 분위기에 잔잔하게 스며들기도 한다.

볼수록 매력이 있는 그림이 있고, 보자마자 고개를 돌리고 싶은 그림도 있다. 각양각색의 그림들을 만나다 보면 나의 취향을 발견하거나 관심사를 파악할 수도 있다. 그러다 운 좋게 마음에 드는 작품을 만난다면 동네방네 자랑하고 싶기도 하다. 물론 이 모든 것은 최소한의 관심이 필요하다. 아무리 좋은 작품이라고 해도 당신이 관심을 주지 않으면 평생 보이지 않을 것이다. 그래서 재테크 목적으로 그림에 흥미가 생겼더라도 당신의 취향으로 먼저 작품에 접근해야 진정한 그림투자라고 할 수 있다.

우리가 그림에 관심을 두면 미술계가 활력을 얻어서 새로운 역사가 쓰일 수도 있다. 나와 내 주변 사람들이 모여서 대중이 되고, 우리가 미술에 관심을 가지면 작가는 작업 활동에 매진할 수 있다. 이러한 긍정적인 반응은 시장을 활성화시키고, 투자자들이 또다시 그림을 구매하는 선순환 구조를 만든다. 시장은 커지고 미술이 대중화되어서 우리나라에 제2, 제3의 김환기 화백이 나올 수도 있는 것이다. 당연히 그 작가는 역사에 남을 것이며, 당신은 그 역사를 만든 컬렉터가 된다. 실제로 그동안의 미술사는 작가와 컬렉터가 함께 쓴 역사였다. 그래서 그림을 사는 일은 재테크를 넘어서 새로운 역사에 동참하는 일이라고 생각한다.

"그림을 한 점도 소장하지 않은 사람은 있어도 한 점만 소장한 사람은 없다."는 말이 괜히 나온 것이 아니다. 그림 구매는 몰라서 못한 것일 뿐, 알고 나면 안 할 이유가 없다. 경제에 타격을 받지 않고, 비과세이며(혹은 훨씬 낮은 세금이 발생한다), 안전한 현물자산이고, 매시간 가치 등락을 신경 쓰지 않아도 된다. 게다가 나의 취향을 알아가며 동시에 미술사를 함께 만들어가는 위대한 일이다. 그래서 미술품 거래가 오름세다. '수익성'과 '안정성'을 동시에 잡을 수 있다는 매력을 깨달은 일부 20, 30대가 재빠르게 동참하는 이유다. 소액으로 가심비를 극대화할 수 있는 투자품 중에서 그림투자만 한 것을 본 적이 없다.

흔히 '소비자에 비해 공급자가 많은 것'을 미술시장의 문제점으로 꼽는다. 그림을 팔고 싶어 하는 이들에 비해 그림을 사고 싶어 하는 컬렉터가 한정적이기 때문이다. 그렇기 때문에 미술시장은 '기회로 가득한 곳'이다. 아직 그림이 주는 즐거움을 모르는 사람이 세상에는 너무 많고, 그들 덕분에 미술시장이 폭발적으로 활성화되기 직전이다.

워홀의 작품을 단돈 1만 원에 산다고?

몇 년 전, SNS 광고를 보고 깜짝 놀랐다. 터무니없이 낮은 가격으로 앤디 워홀의 작품을 소유할 수 있다는 내용이었다. 진품이 아니라고 해도 1만 원은 재료비나 인건비도 나오지 않을 금액이었다. 진품이 맞는지 궁금해서 광고를 클릭한 순간 호기심이 해소되었다. 작품은 진품이었고 작품의 '실물을 소장'하는 것이 아니라 작품에 대한 '권리를 분할해서 소유'하는 개념이었다. 작품의 소유권과 훗날 발생할 시세차익을 나눠서 갖는 신개념 그림투자였다.

공동구매는 소액으로 누구나 투자할 수 있어 환영받고 있다. 주식으로 소소한 재미를 보는 나의 지인은 최근에 그림투자로 약 10%의 수익을 올렸다고 한다. 주식에서 나는 수익으로 다른 종목이나 다른 재테크에 투자하는 그는 새롭게 그림투자에 뛰어들었다. 절차는 간단해서 적당한 플랫폼을 골라서 작품 소유권을 구매하면 끝이었으니 무척 쉬웠다고 말했다. “어느 작품을 사야 할지 모를 땐 유명한 작가의 유명한 작품을 사라.”는 나의 조언대로 미술관에서 본 적 있는 에바 알머슨 Eva Armisen의 익숙한 그림을 구매했다.

그는 원래 작가와 작품의 이름을 외우고 다니는 편이 아니다. 친구를 따라 우연히 갔던 전시회에서 눈 사이가 멀고 귀여운 콧구멍에 붉은 볼, 올라간 입꼬리를 가진 한 캐릭터를 만난 기억이 있을 뿐이었다. 하나같이 수줍은 미소를 짓는 작품들에서 따뜻함을 느낀 그는 작가의 이름이 오랫동안 뇌리에서 떠나지 않았다고 한다. 실제로 그와 같은 이들이 많았는지 에바 알머슨의 작품은 경매장에서 선호도가 높았다. 해당 플랫폼이 전문 경매회사에 위탁해서 판매하는 점을 고려했을 때 충분히 승산이 있다고 판단했다. 그는 자신의 재테크 경험과 미술시장의 흐름, 그리고 플랫폼의 특징을 고려해서 도전했다. 이후 다른 투자자가 10%를 더 주고 소유권을 사겠다고 해서 그는 남들보다 빠르게 수익을 보게 되었다.

플랫폼 거래는 해당 사이트의 이용자 사이에서만 거래되기 때문에 주식에 비해 물량이 빠지는 속도가 느리다. 그런 상황에서 얼떨결에 수익을 보게 된 것은 운도 작용했다고 볼 수 있다. 그런데 그가 찾아보니 그림투자로 수익을 본 이들이 꽤 있었다. 그간 몰라서 못 했을 뿐,

해보니까 별것 아니라는 자신감을 가지게 되었다. 오히려 그림투자에 빠져들었다. 경제 상황이나 세금에서 변수가 발생하지 않았으며, 작가와 작품만 잘 선택하면 되는 단순함이 매력이었다.

생애 첫 번째 그림투자로 적합하다

공동구매의 가장 큰 장점은 무엇보다 '가격'이다. 금액은 플랫폼별로 다르나, 일반적으로 만 원대부터 시작할 수 있다. 최근 공동구매를 하는 온라인 플랫폼이 늘어나면서 다양한 업체들이 등장했는데, 1,000원부터 시작할 수 있는 곳도 있고 앞서 지인의 사례와 같이 컬렉터 간의 거래도 가능하다. 만만하게 시작할 수 있으며, 교양이 넘치는 투자 세계에 뛰어든 것 같은 기분은 덤으로 얻는다. 미술책이나 매체에서 접한 굵직한 작가들의 작품을 1만, 5만, 10만 원으로 소유해보니 그전에는 보이지 않았던 세상이 열린다. 작품의 아주 작은 조각을 소유한 것뿐인데도 작가가 친근하게 느껴지기도 한다. 문화적 소양이 올라간 느낌도 들고, 취향이 고급스러워진 것 같다. 또한 소비 욕구를 해소할 수 있을 뿐 아니라 시세차익까지 기대할 수 있으니 더없이 좋다.

이러한 긍정적인 후기들이 보여주듯 미술품을 투자로 바라보는 젊은 컬렉터들이 모이고 있다. 이들은 작품 대신에 작품의 증명서를 받

CERTIFICATE

2019. 12. 18 아트앤가이드 메이저 미술품 공동구매

Artist	KAWS
Title	Man's Best Friend (2 Works)
	Edition 58/100 (Plus 20 artist's proofs)
Material	Screenprints in black and white, on Saunders Waterford paper
Size	89.0 x 58.4 cm (Each)
Year	2016

Certificate No.

Name

한혜미

주식회사 열매컴퍼니

확인서 발급일자 : 2020.01.07

ART n GUIDE www.artnguide.com 서울시 서초구 사평대로 140, B2 주식회사 열매컴퍼니 info@artnguide.com

아트앤가이드의 카우스 작품 공동구매 증명서

아 집에 걸어두기도 한다. 증명서가 일상에 특별함을 더하고, 컬렉터의 취향을 고스란히 드러낸다는 것을 잘 알고 있는 듯하다.

가벼운 마음으로 시작할 수 있기 때문에 다른 그림투자에 비해 진입장벽이 낮고, 원하면 해당 플랫폼의 오프라인 공간에서 작품을 감상할 수 있으며, 중개업체가 관리부터 판매까지 책임지므로 투자자가 신경 쓸 부분이 거의 없다. 좋아하는 작가의 작품이 고가라서 엄두가 나지 않았던 사람, 저렴한 판화나 굿즈를 구매하는 것도 부담스러웠던 사람, 재미 삼아 그림투자에 입문하고 싶었던 사람이라면 이 방법을 추천한다. 공동구매하는 방법은 다음과 같다.

1. **온라인 플랫폼 비교하기:** 플랫폼의 설립일, 플랫폼이 공동구매를 진행한 총 작품 수, 매각 작품 수, 가장 오랫동안 팔리지 않은 작품과 기간, 팔린 작품들의 평균 수익률, 플랫폼의 중개수수료를 살펴보자. 중개수수료는 평균 5~10%이며, 작품가격 외에 별도로 부과된다. 플랫폼이 위탁하는 경매사가 어디인지도 알아보면 훌륭하다. 단기간에 많은 업체가 등장한 만큼 꼼꼼한 비교는 필수다. 다양한 공동구매 플랫폼들을 소개하면 다음과 같다.

   아트앤가이드 www.artnguide.com
   아트투게더 www.weshareart.com
   테사 www.tessa.art
   피카프로젝트 www.picaproject.co.kr
   데일리뮤지엄 www.dailymuseum.biz
   소투Sotwo(오픈 예정)

2. **작품 선정하기:** 해당 플랫폼이 작품을 선정한 이유를 알아보고 작가의 이력을 검색하자. 보통은 플랫폼에 작가 정보, 가격 상승

추이, 경매 이력 등이 상세하게 오픈되어 있다. 그중에서도 특별히 살펴야 할 것은 시세차익이다. 소개된 시세차익이 작가의 평균선인지, 관심 있는 작품의 동일한(또는 비슷한) 시리즈는 최근에 어느 정도 금액에 판매되었는지 체크해야 한다.

일반적으로 작가들은 시리즈에 따라 테마를 정하고 작품을 제작하는데, 시리즈가 무엇인지에 따라 시장의 반응과 작품가가 다르다. 따라서 유명작가라고 해도 인기 있는 시리즈는 따로 있어서 내가 관심을 둔 작품이 그 시리즈에 속했는지, 그렇다면 판매 가격은 어느 정도인지 알아볼 필요가 있다. 유명작가라고 해도 시기별로 작품 스타일이 달라지며, 시장에서 유독 반기는 스타일이 있지만 잘 팔리지 않는 스타일도 있다.

미술품 가격정보를 공개하는 케이 아트프라이스K-Artprice에서 작품을 검색해보자(www.kartprice.net). 뉴스통신사 뉴시스와 사단법인 한국미술시가감정협회가 함께 설립한 미술품유통 가격정보 사이트로, 국내외 경매사의 낙찰가를 비교하고 검색할 수 있다. 공동구매에 등장하는 작가들은 시장에서 거래가 활발한 유명작가들이 대부분이므로 이곳에 기록되어 있을 확률이 높다.

3. **금액 설정 및 수수료 확인하기:** 원하는 금액을 설정하고 수수료를 확인하자. 수수료는 일반적으로 별도로 지불하기 때문에 수수료를 고려한 작품 구매의 총비용을 계산해보자. 고객층이 두

터운 일부 플랫폼은 작품을 공개하고 10분 이내에 구매가 마감되기도 한다. 수수료까지 계산한 금액을 미리 준비해놓자.

4. **구매 후 작품 매각 여부를 결정하기:** 대부분의 플랫폼에서는 구매한 작가의 작품을 볼 수 있도록 허용한다. 내가 산 작품을 직접 가서 볼 수 있으므로 특권을 누려보자. 또한 일정 시간이 흐르면 작품의 매각 여부를 두고 플랫폼에서 연락이 올 것이다. 그때 매각에 찬성할지, 반대할지 결정하면 된다. 다만, 내 의사와 상관없이 다수결에 의해 매각이 진행된다는 점만 유의하자.

커피를 몇 잔 마실 금액으로 억 소리 나는 작품의 일부를 소유할 수 있다면 참 멋진 일이다. 미술시장에 처음 진입하거나 그림투자에 대해 잘 모른다면 공동구매를 통해 미술시장을 체험해보자. 어디까지나 작품을 구매한 이후에는 오롯이 컬렉터의 몫이기에 공동구매를 통해 연습해보면 좋다. 그러나 집에 작품을 걸어두고 감상한다거나 인테리어 효과를 기대하는 사람, 소비욕을 색다르게 충족시키고 싶은 사람, 시간이 지날수록 깊어지는 원화의 감동을 느끼고 싶은 사람, 작품 판매를 주도적으로 해보고 싶은 사람이라면 페이지를 넘겨 작품을 소장하는 방법을 살펴보자.

공동구매의 장점	공동구매의 단점
● **작품 선정이 용이** : 시장에서 팔릴 가능성이 높은 작품을 플랫폼이 직접 선정해 고객에게 추천한다. ● **소액투자 가능** : 플랫폼에 따라서 소액으로 시작할 수 있다. ● **기간 설정** : 대부분의 온라인 플랫폼은 2년 약정으로 공동구매를 진행한다. 일반적으로 미술품 투자에 5~10년의 기간이 소요되는 것에 비하면 짧다. ● **컬렉터 연결** : 일부 플랫폼에서 시행하고 있다. 작품이 판매되기 전에 해당 플랫폼 내의 시스템을 이용해서 컬렉터 간의 소유권 판매가 가능하다. 이 경우 바로 수익을 올릴 수 있다. ● **작품 관리 및 판매 용이** : 초보자는 작품을 관리하는 것부터 직접 판매처를 찾는 일이 부담스럽다. 공동구매는 플랫폼이 도맡아서 진행하기 때문에 초보자에게는 비교적 쉬운 그림투자 방법이다. ● **오프라인 라운지 이용** : 작품의 실물을 확인하기 위해서는 해당 플랫폼이 운영하는 오프라인 라운지를 이용할 수 있다. 프라이빗 라운지가 열린다면 특별한 체험을 할 수 있다.	● **판매 여부의 불투명** : 일반적으로 2년의 약정기간이 있지만 언제 팔릴지 정확하게 알 수 없다. 과반수가 동의하지 않으면 작품 매각이 어렵기 때문이다. 작품가격의 50% 이상을 소유한 것이 아니라면 뜻대로 진행되지 않을 확률이 높다. 팔고 싶을 때 팔 수 없고, 팔기 싫지만 팔아야 할 수도 있다. ● **실물 확인의 불편함** : 실물 확인을 위해서 직접 해당 장소에 가야 한다. 이용자는 작품 대신에 해당 작품의 일부를 소유했다는 증명서를 받는다. 플랫폼에 따라서 요청하면 해당 작품의 인쇄본을 보내주기도 한다. 작품 구매 후 만족감을 느낄 수는 있지만 온전한 내 것이 아니라는 점을 감안해야 한다. ● **수수료** : 플랫폼 중개수수료와 판매수수료가 발생할 수 있다. 위탁판매하는 대신 플랫폼의 중개수수료를 지불해야 한다. 작품 판매는 일반적으로 경매를 통해 진행되는데, 이때 판매수수료가 별도로 발생한다. 따라서 투자 금액이 낮다면 여러 수수료를 제하고 지급받는 수익이 낮아질 수 있다. 모든 투자가 그렇듯 안전한 만큼 고수익을 기대하기는 어렵다는 얘기다. ● **온라인 플랫폼의 도산 위험성** : 플랫폼이 도산하면 원금이 보장되지 않으므로 믿을 만한지 꼼꼼하게 비교해보고 결정해야 한다.

주머니 사정을 고려한 금액별 그림 구매하기

10만 원 이상 투자할 여유는 있는데, 미술애호가 또는 전문 투자자의 재테크가 부담스럽다면 초보자들을 위한 만만한 투자는 없을까? 원하는 스타일이 뚜렷하고 취향에 맞는 그림을 컬렉팅 하고 싶은 분들에게 작품을 직접 구매해보기를 추천한다. 금액별로 10만 원대, 100만 원대, 1,000만 원 이하로 작품을 소장할 수 있는 3가지 방법을 소개한다.

10만 원대로 검증된 신진작가의 작품을 구매할 수 있다. 아시아 대학생 및 청년작가 미술축제 아시아프ASYAAF에 가면 '10만 원 소품전'이 있다. 메인 작품과 별개로 10만 원에 맞추어 작품을 선보인다. 이 작품들은 해당 작가의 부스에 숫자 '10'이 강조되어서 전시된다. 10만 원 소품은 대부분 행사 첫날에 완판되기 때문에 관심이 있다면 첫날에 가는 것이 좋다. 유망한 작가의 작품을 10만 원에 살 절호의 기회여서 놓치면 아깝다. 마음에 드는 작가의 작품이 이미 팔렸더라도 포기하지 말고 작가의 SNS를 통해 연락해보자. 아직 갤러리나 에이전시에 소속되기 전인 작가들이 대부분이므로 아시아프에 출품하지 않은 다른 작품들을 구매할 수 있다.

상대적으로 저렴한 가격에 그림을 구매할 수 있는 곳을 추가로 소개한다. '10-100 행복한 그림전'은 부산의 맥화랑에서 갤러리의 문턱을 낮추고 미술품 소장을 대중화하기 위해 2006년부터 매년 여름에 개최하는 행사다. 국내 유명 아트페어에서 만날 수 있는 작가들의 작품을 10~100만 원 선에서 만날 수 있다. 여름에 부산에 놀러갈 계획이 있다면 꼭 주목해보자.

또한 '을지아트페어'는 중구문화재단에서 서울 중구에 매년 10월 말~11월 초에 여는 행사다. 모든 미술품을 작가의 이력과 작품의 크기, 재료에 상관없이 균일가 10만 원에 판매한다. 인당 최대 2점만 구매할 수 있는데도 판매율은 80%로 높은 편이다. 단, 작가, 제목, 제작연도 등은 공개되지 않아 컬렉터들은 오직 미술품만 보고 골라야 한다. 가히 미술품 블라인드 쇼핑이라 할 수 있다.

그밖에 예술의전당 한가람미술관에서 운영하는 '청년미술상점'에 가면 작가에게 직접 설명을 듣고 소품 또는 작품을 구매할 수 있다. 저렴한 가격에 액자 프레임까지 갖춘 완전한 형태의 작품들을 준비하고 있으니 신진작가들에게 관심이 있다면 눈여겨보도록 하자.

100만 원대의 그림을 알아본다면 신진작가의 작품을 좀 더 폭넓게 구매할 수 있다. 작가의 SNS나 개인 웹사이트를 통해 마음에 드는 그림을 골라서 가격을 문의해보자. 미술애호가들은 평상시에 좋아하는 작가의 계정을 살펴보며 원하는 스타일의 그림을 딱딱 찾아낸다. 작가에게 직접 연락했을 때의 가장 큰 장점은 작가와 친분을 쌓을 수 있다는 점이다. 작가가 어떤 마음으로 그렸는지, 어떤 노래를 들으며 작업했는지 생생하게 들을 수 있다. 그렇게 컬렉터와 작가는 서로에게 특별하게 기억될 수 있으며, 간혹 시세보다 저렴하게 사는 경우도 있다.

이와 같은 방법은 작가가 갤러리 또는 에이전시 소속이 아닐 때 가능하다. 또는 다른 곳과 계약을 맺고 전시를 진행하고 있다면, 해당 작품은 전시를 기획하는 곳을 통해 구매해야 한다. 전시 중이거나 갤러리에 소속된 작가인데 작가를 통해 구매하면 기획사에 소속된 연예인이 회사를 모르게 하고 행사를 다니는 것과 같다. 자세한 내용은 작가에게 연락하면 안내받을 수 있을 것이다. 좋아하는 연예인에게 메시지를 보내듯 신진작가들에게도 주저 말고 러브콜을 보내자.

다만, 수익을 내려는 목적으로 신진작가의 작품을 구매하는 것은 양날의 검일 수 있다. 잘하면 대박이고 잘못하면 그림만 남기 때문이다(그래도 남는 것이 있다). 미술대학을 졸업해서 작가의 길을 선택하고, 그중에서 작품을 지속적으로 그리며 예술가의 길을 걸을 확률이 얼마나 될까? 현실적으로 작품 활동을 꾸준하게 이어나가기 어렵고, 기라성 같은 작가들 사이에서 빛을 발하기란 더 어렵다. 그럼에도 그 사이에서 존재감을 드러낸다면 소위 말하는 '대박' 작가를 발굴한 것이다.

작품 활동을 20년 이상 꾸준하게 해온 중견작가들의 작품가는 1,000만 원을 호가한다. 자신의 스타일을 구축한 이들의 작품을 그 이하의 가격으로 구매하기란 어렵다. 1,000만 원 이하의 그림을 알아본다면 중견작가의 작품 중에서 크기가 작은 작품들을 알아보자. 드로잉, 굿즈 등은 작가의 전시 콘셉트에 따라서 전시회에 가면 구매할 수 있는데, 그들의 예술성이 담긴 소품들은 작품에 비해 값이 저렴하다. 신진작가에 비해 중간에 작업을 그만둘 확률이 낮아 작품가격이 갑자기 떨어질 가능성도 낮고, 컬렉터 간의 교환도 상대적으로 용이한 편이다. 또한 유명 기관과 유명인들이 그들의 작품을 소장한 이력이 있다면 미래에 가격 상승을 기대할 수 있다.

요즘에는 백화점, 아웃렛, 복합몰 등 각종 쇼핑센터에서도 미술품을 쇼핑할 수 있다. 아트슈머artsumer를 겨냥해 서울과 각 지역도시의 쇼핑센터들이 전시실을 갖추고 자체적으로 운영하거나, 외부 갤러리가 팝업전시 또는 상설전시를 열어 고객을 맞이하는 것이다. 일반적으로 100만 원 이하의 소품과 몇백 만 원 혹은 그 이상을 호가하는 유명작가들의 미술품이 전시되어 있다.

오프라인 갤러리는 '프린트베이커리'가 롯데월드타워, 현대백화점 판교점, 부산 센텀시티몰, 신세계백화점 센텀시티점에, '갤러리K'가 롯데몰 광명점, 롯데아울렛 광주수완점에, '갤러리앤아트'가 현대백화점 압구정본점, 광교 갤러리아에 오픈되어 있다. 입점 현황은 2021년 2월 기준이며, 향후 더 늘어날 것으로 전망한다.

그림을 사기 직전에 던져야 할 질문 4가지

1. 내가 좋아하는 그림인가?
2. 작가가 지속적으로 활동하고 있는가?
3. 믿을 수 있는 경로를 통해 진품임을 확인했는가?
4. 수수료와 추가비용을 확인했는가?

첫 번째, 좋아하는 그림을 사야 한다. 잘 모르겠다면 그림을 보고 다음과 같은 질문을 해보자. "10년을 곁에 두어도 좋은 그림일까?", "가족이나 소중한 사람에게 선물한다면 괜찮은 작품일까?", "팔리지 않아서 매일 봐야 한다 해도 안 질릴까?" 등 여러 가지 물음을 통해 나의 취향에 맞는 그림인지 살피자.

두 번째, 작가의 작품 활동 지속성 여부를 검토해야 한다. 작가가 계속해서 활동하며 이름을 알리고 작품성을 인정받아야 하는데, 중도에 붓을 내려놓으면 곤란해도 어쩔 수 없다. 단, 작고하신 경우는 다르다. 오히려 희소가치가 생겨 작품가격이 올라가기도 한다(물론 변수는 있다). 누구나 알 만큼 유명한 작가라고 해도 재단이나 에이전시에서 사후 관리를 잘해야 한다.

생존 작가 중 그림 그리기를 접고 완전히 다른 길로 간다면 그림값이 떨어질 위험이 크다. 컬렉터들은 작품을 구매할 때 '작가가 걸어갈 예술 활동의 비전'도 함께 사는 것이다. 작가가 붓을 꺾는다면 작품성과 별개로 매력 요소가 떨어져서 작품가격에 영향을 미칠 수 있다. 재테크 목적으로 접근한다면 안전장치를 마련하기 위해 10년 정도 활동한 작가를 추천한다.

세 번째, 작품의 진품 여부를 알아야 한다. 위작은 저작권자의 승낙을 얻지 않고 똑같이 만들어서 수익을 내는 일로 명백한 사기다. 생존 작가보다 작고한 작가들에게서 주로 논란이 일어나는 편이며, 우리나라에서는 추사 김정희나 이중섭 작품이 언급된 적 있다.

경매회사와 일부 유명 갤러리에서는 위작 판정 시 작품의 가격을 전액 돌려주지만, 구매 방법에 따라 돌려받지 못하는 경우도 있다. 위작에 대해서는 미술 업계도 늘 긴장하고 있다. 규모가 있거나 역사가 오래된 갤러리 등 확실한 구매처를 통하면 위작을 피할 확률이 높다. 경매사는 낙찰된 작품에 한해 소장자에게 진품확인서를 발급하고, 위작으로 판명될 경우 낙찰가를 모두 돌려준다. 개인 아트딜러에게 구매할 예정이라면 그의 평판, 이전 거래 작품, 경험 등 최대한 객관적인 자료를 통해 검증하자. 개인 간의 거래 또는 출처가 불분명한 곳에서 작품을 구매했다면 한국미술감정원, 한국미술시가감정협회, 한국미술품 감정연구센터 등에 작품을 의뢰하는 방법도 있다.

네 번째, 작품을 거래할 때 세금은 없지만 수수료가 있어 체감 상 크게 느껴질 수 있다. 예를 들어 수수료가 15%라고 가정하면 1,000만 원짜리 작품에 수수료가 150만 원이 더해져 결코 만만한 금액이 아니다. 갤러리의 수수료는 일반적으로 작품가에 포함되어 있지만 혹시 모르니 확인해보자. 또한 작품의 위치에 따라 배송비를 부담할 수 있으며, 액자가 없는 작품은 액자 비용이 포함되니 기타 추가비용이 발생할 수 있다. 이 모든 것을 함께 고려해야 예상치 못한 지출을 막을 수 있다.

예술작품을 가까이 두고 오래 보관하는 방법

좋은 가격에 원하는 미술품을 사고 나면 보관 방법이 고민될 것이다. 작품의 가격이 높을수록 고민도 높아간다. 게다가 작품의 컨디션은 재판매할 때 주의 깊게 보는 부분이라 더 신경이 쓰인다. 보관 방법은 '햇빛이 강하게 들지 않으며, 자녀와 반려동물의 손에 쉽게 닿지 않는 곳'에 두는 것이 좋다. 만약 햇빛을 피할 수 없다면 2~3개월에 한 번씩 주기적으로 작품의 자리를 옮겨준다. 한 자리에 너무 오래 두거나 햇빛을 강하게 받으면 작품이 부분적으로 변색될 수 있다.

공간의 온도와 습도를 신경 쓰면 더욱 좋다. 화가들은 물감을 주된 재료로 쓰는데, 너무 차거나 뜨거운 곳은 피해서 물감을 보관한다. 쉽게 갈라지지 않고 색이 원하는 만큼 나오게 하기 위해서다. 물론 그림을 보관할 때는 물감이 오래되어 깎이거나 떨어지는 등의 훼손은 액자로 방지되지만, 평균 20도(약 18~22도) 정도의 온도를 유지하고 상대 습도를 50~60%에 맞춰서 관리하면 좋은 그림을 오래 볼 수 있다. 또한 액자를 제작할 때 유리 또는 아크릴은 작품과 최소 1cm의 간격을 두고 끼우는 것이 좋다.

500만 원짜리 그림으로 월세 받는 방법

"미술작품으로 결혼 준비를 할 줄이야."

프리랜서 E는 목돈이 생기면 그림부터 알아본다. 몇 개월 전 갤러리에서 약 2,000만 원에 구매한 작품을 갤러리에 위탁렌털을 맡기고 나서 미술품으로 월세를 받는다는 것을 실감했기 때문이다. 갤러리는 고객의 작품을 대여해주고, 소장자인 고객은 대여료라는 수익을 지급받는 방식이다. 돈이 많아서가 아니라 돈을 모으고 싶어서 그림을 산다는 말을 이해했다.

비록 월 13만 원대의 크지 않은 금액이지만 프리랜서인 그에게는 매달 들어오는 고정비가 꽤 쏠쏠하게 느껴진다. 이제 그는 미술품으로 미래를 설계하고 있다. 매달 받는 대여료를 생활비에 보태고, 나중에 그림을 팔아서 발생하는 수익을 결혼자금으로 쓸 계획이다. 해당 갤러리에서 일정 기간이 지나면 작품 판매를 도와주기로 계약했으니 안심된다. 첫 작품 구매는 전문가의 추천으로 시작했지만 이제는 직접 고르기도 한다. 그는 앞으로 목돈이 생기면 그림을 더 구매해서 추가 대여료를 받을 예정이다.

이렇듯 잘 고른 작품 한 점으로 매달 통장에 월세처럼 대여료가 들어온다. 원한다면 누구나 받을 수 있기 때문에 가장 편리한 그림투자라고 할 수 있다. 이 수익은 대여료, 위탁렌털료, 임대료, 저작권료 등 다양한 용어로 불린다(이하 대여료). 갤러리는 고객이 구매한 작품으로 기업 렌털과 전시회, 그리고 매체 협찬으로 수익을 창출해서 이를 소장자에게 지급한다.

정수기, 비데만 렌털 하는 게 아니라 커피머신, 운동기구, 침대, 명품 의류도 렌털 하는 시대다. KT경제연구소는 2021년 국내 렌털 시장 규모를 40조 원으로 추산하고 있다. 경기 침체와 1~2인 가구 증가 등으로 제품 구입 자체를 부담스러워하는 수요가 많아지며 렌털 시장은 규모가 점점 더 커질 것으로 보인다. 세상에 그림 렌털이 필요한 곳은 의외로 많다. 갤러리가 직접 전시회를 열어서 수익이 발생하기도 하고, 드라마에 소품으로 협찬하기도 하고, 유명 업체와 콜라보 해서 저작권료가 발생하기도 한다.

또한 집에 머무는 시간이 길어지면서 주기적으로 그림을 교체하려는 가정이 많아졌다. 벽지 색깔, 가구와 소품의 스타일, 창밖 너머의 풍경과 사는 사람의 취향에 맞게 고른 그림은 집 안을 갤러리로 바꿔낸다. 아이가 있다면 정서를 안정시키고 감성을 어루만지는 효과도 얻을 수 있다. 그리고 기업들의 미술품 렌털이 꾸준히 증가하는 추세다. 병원, 호텔에서는 한 번에 몇백 점씩 렌털을 진행하기도 한다. 브랜딩 고급화 전략을 펼치거나 고객에게 심리적 안정을 제공하려는 목적이다.

대여료로 수익을 창출하는 시스템은 아트딜러가 그림을 파는 가장 쉬운 방법이기도 하다. "미술품이 돈이 되나요?"라는 질문에 대한 답을 즉각적인 수익으로 보여줄 수 있기 때문이다. 반신반의하던 고객이 수익을 보고 나면 지인에게 소개한다. 호기심에 시작했다가 매달 꼬박꼬박 들어오는 대여료에 오히려 감사 인사를 건네는 고객들을 보면 그들의 만족도가 얼마나 높은지 알 수 있다. 은행의 금리가 0%대로 떨어지면서 예금은 재산을 불리는 길과 멀어졌다. 이 때문에 법인에서도 자산 관리를 위해 문의를 많이 하는데, 가장 여러 번 되묻고 확인하는 것이 바로 '안정성'이다. 만약 이 글을 보는 당신도 위탁렌털의 안정성이 의심된다면, 해당 업체의 재무제표와 근거 자료를 먼저 확인해보고 후회 없는 선택을 하자.

500만 원 투자로 매년 40만 원이 통장에!

대여료를 지급하는 갤러리들은 일반적으로 확정 대여료를 기재한다. 계약한 대여료를 연 8%라고 가정해보자(수익률은 업체마다 다르다). 1억 원의 미술작품을 구매한 후 위탁을 맡기면 1년에 800만 원이 발생한다. 이를 12개월로 나누면 한 달에 약 66만 원의 수익이 발생하고, 사업소득 3.3%를 공제하면 한 달에 약 64만 원이 통장으로 들어온다. 2억 원의 미술작품을 구매한 후 위탁렌털을 맡기면 매월 약 128만 원의 고정수입이 생기는 것이다.

위탁렌털은 작품을 소장하는 기간이 정해져 있고, 수익이 고정적으로 창출되기 때문에 미술품 재테크의 단점을 보완한다. 오피스텔의 월세 수익률이 평균 3~5%라고 한다. 갤러리에서 제시한 약 8%의 수익을 환산해보면 위탁렌털을 최장 기간인 3년간(업체별 상이) 진행했을 때 월 평균 수익이 은행이나 부동산보다 높다. 또한 조건에 맞는 작품을 구매하면 구매, 소장, 판매할 때 내야 할 세금이 없는 것도 장점이다. 주식처럼 매일 주가의 등락을 살피지 않아도 되고, 부동산처럼 공실에 관한 걱정이 없으며, 작품의 컨디션을 관리하지 않아도 된다는 장점이 있다. 신경을 덜 쓰고 안정적인 수익이 창출되어 자본금을 마련할 수 있으니 바쁜 자영업자나 프리랜서들이 주목하는 것은 당연하다.

작품가격은 갤러리가 보유한 작품에 따라 100만 원대부터 억대 단위까지 매우 다양하다. 많은 대여료를 받고 싶으면 여러 작품을 구매하는 것도 방법이다. 단, 대여료를 받는 게 목적이라면 금액을 분할해서 구입하는 것을 추천한다. 예를 들어 1,500만 원을 그림에 투자할 계획이라면 1,500만 원짜리 작품을 한 점 사는 것보다 1,000만 원짜리 작품과 500만 원짜리 작품을 한 점씩 사는 것이 효과적이다. 어떤 일로 급전이 필요할지는 아무도 모른다. 자금이 필요할 때 그림을 한 점씩 판매하면 자금을 안정적으로 운용할 수 있다.

나는 가벼운 마음으로 위탁렌털을 해보고 싶은 분들에게 36개월 할부 서비스를 권한다. 매달 10만 원 정도 지불할 여유만 있으면 시작할 수 있다. 할부비가 지출되는 동안에도 대여료가 꼬박꼬박 들어온다. 예를 들어 월 10만 원씩 36개월간 지불해서 360만 원의 작품을 구매하는 조건으로 위탁렌털을 맡겼다고 하자. 대여료가 연 8%라면 연 28만 8,000원씩 3년 동안 총 86만 4,000원의 대여료를 받을 수 있다. 실질적으로 매달 지불하는 금액은 10만 원이 아니라 7만 6,000원이 된다. 기간 종료 후 갤러리에 판매수수료를 지불하고 작품을 되판다고 해도 은행의 적금 이자보다 높으니 훨씬 이득이다. 위탁렌털로 대여료를 받는 절차는 다음과 같다.

1. **갤러리 선정하기:** 미술시장이 활성화되면서 관련 사업을 하는 갤러리가 점차 늘고 있다. 갤러리마다 대여료, 작가와 작품의 수, 수익 창출 방법, 경쟁력이 모두 달라 따져봐야 한다.

2. **상담을 통해 작품 선정하기:** 갤러리에 회원가입을 하면 배정된 담당자로부터 연락이 올 것이다. 그렇지 않다면 갤러리 담당자에게 먼저 연락해 전문가와 상담을 진행하자. 구매할 작품을 눈으로 직접 확인하고 대여료가 얼마나 되는지 확인하자. 그림을 처음 구매한다면 소액부터 시작해본다.

3. **배송된 그림의 위탁렌털 계약 체결하기:** 일반적으로 구매 계약과 위탁렌털 계약은 별도로 진행한다. 소유권이 없다면 렌털을 맡겨서 대여료를 받을 수 없다. 소유권을 갖는 구매 계약을 체결하고, 이후에 위탁렌털 계약을 체결하는지 계약서를 검토하자.

4. **대여료 받기:** 계약기간 동안 대여료를 받는다. 내 작품이 어디에 있는지 문의해서 위치를 알고 있도록 한다.

5. **계약기간 만료 후 되팔지 결정하기:** 계약기간이 만료되면 작품을 소장할지, 되팔지를 결정한다. 구매 가격과 현재 시세에 차이가 있는지 담당자에게 문의해보자. 금액이 올랐다면 그 가격으로 갤러리에 판매 요청을 할 수 있다. 이처럼 시세차익을 고려해서 훗날 판매를 의뢰할 계획이라면 계약 내용을 미리 검토해야 한다. 작품 관리가 어려운 고객은 계약기간 만료와 동시에 작품을 팔고, 다른 작품을 구매해서 위탁렌털을 연장하는 방법

도 있다. 판매 시기에 따라 수수료가 별도로 발생할 수 있으니 미리 확인해보자.

위탁렌털에 관심이 생겼다면 몇 가지 부분을 주의해서 살펴보자. 주식을 할 때도 어느 증권사에서 할지, 어떤 종목을 살지 알아보듯이 미술품도 마찬가지다. 갤러리, 아트딜러, 작가, 작품을 살펴보아야 한다. 소개팅할 때 상대방을 파악하기 위해 이름과 전화번호, 주소, 직업을 묻는 과정과 비슷하다. 자세히 설명하면 다음과 같다.

먼저 갤러리를 확인해보자. 갤러리 내에 믿을 만한 지인이 있는 것이 아니라면 갤러리 검증은 개인의 몫이다. 최근 그림투자가 각광받으면서 검증되지 않은 곳에서 우후죽순으로 위탁렌털 시스템을 시행하고 있다. 회사의 재정이 불안정하거나 혜택만을 지나치게 강조한다면 고객이 향후의 위험성을 떠안을 수 있다. 마치 정체를 알 수 없는 증권사에서 주식을 구매하는 것과 같다. 해당 작품의 가치와 이를 증명할 수 있는 갤러리의 규모, 재무 상태, 안정성 등을 미리 검토하자. 대여료를 받기로 해서 그림을 매입했는데 해당 갤러리가 폐업한다면 너무 황당하지 않겠는가! 갤러리의 설립일을 미리 확인하고, 홍보성 글이 아닌 실제 후기들을 찾아보자. 검색창에 업체명을 기입하면 다양한 후기를 볼 수 있다.

이 모든 것이 마음에 든다면 계약해도 좋다

조심해서 나쁠 건 없다. 처음 거래할 갤러리를 고를 때는 "돌다리도 두들겨 보고 건너라."는 속담을 새기고 의심의 눈초리로 바라보자. 카드 사용이 가능한지, 현금영수증을 발급해주는 곳인지 알아보자. 무조건 현금결제를 요구하면 의심스럽다. 작품을 샀다는 흔적을 남기지 않는 거래라면 혹여나 회사가 잘못될 경우 보상받을 방법이 없다. 갤러리가 영수증 처리를 원활하게 진행하는지 알아봐야 한다. 또한 제휴 작가와 작품의 수, 진행 고객의 수를 확인하자. 고객 수 대비 제휴작가 또는 작품 수가 현저하게 낮다면 한 번쯤 의심해볼 필요가 있다.

나는 고객들에게 회사 설립일 최소 3년 이상, 제휴작가 최소 10인 이상, 구매가 가능한 작품 수 최소 100점 이상, 1년간 렌털 진행 건수가 최소 500건 이상이 되는지 살펴보라고 권한다. 새롭게 오픈한 갤러리는 스타트업 회사와 크게 다르지 않다. 미술시장에서 어떻게 살아남았는지 확인하고, 회사의 규모와 안전성을 파악하는 최소한의 기준을 갖고 있어야 업체를 검증하는 시간을 줄일 수 있다. 갤러리에서 계약을 진행한 건수를 보면 시장의 반응이 어떤지도 알 수 있다. 은행에서 금리 5% 적금만 출시돼도 반응이 폭발적인데, 갤러리에서 그보다 더 높은 수익률을 보장해주는데 진행 건수가 현저하게 낮다면 의심되지 않겠는가.

또한 담당자가 신뢰할 만한지 확인해야 한다. 작품을 중개하는 이들을 큐레이터, 갤러리스트, 아트딜러라고 부른다. 작품을 단순 구매하는 경우에도 담당자는 중요하다. 같은 와인 가게라도 누가 와인을 추천하느냐에 따라 선택의 폭이 달라지는데 그림은 오죽할까? 작품으로 수익을 내야 하는 경우라면 아트딜러의 중요성은 더 올라간다. 대여료를 받기 위해 작품을 구매한 후에도 지속적으로 도움을 받아야 하기 때문이다. 가장 확실한 방법은 담당자의 전공이나 이력, 전문성을 입증할 관련 자격증이 있는지, 어떤 취향을 가진 사람인지 등을 살펴보는 것이다. 결국 신뢰할 만한 갤러리와 담당자를 한 번 만나면 그 이후에는 믿고 맡기면 된다.

마지막으로 진행 관련해서 살펴볼 사항들이다. 먼저 갤러리에서 진품확인서를 발급해주는지 확인하자. 발급 후 작품이 위작일 경우 작품가가 환불되는지도 체크하면 좋다. 작품가격에 대한 신빙성이 있는 자료로써 이전 판매 기록이나 호당가격확인서를 요청하자. 그리고 수익 창출이 어떻게 되는지, 실제 창출되고 있는 수익인지 확인해야 한다. 모든 갤러리가 고객의 그림으로 수익을 낼 수 있다면 세상에 배고픈 예술가는 없을 것이다. 다시 말해 그림을 통해 수익이 창출될 수도 있지만 아닐 수도 있다. 수익이 나지 않는데 대여료가 들어오는 구조라면 오래갈 수 없다. 해당 회사에서는 수익이 창출되지 않을 경우 대안이 있는지도 확인하자. 이 모든 것이 마음에 든다면 평균 계약기간을 검토한다.

한국미술협회

한미총제 - 호

호 당 가 격 확 인 서

성 명 :
생년월일
분 과 :
소 속 :
호당가격 :
주 소 :

위 호당 가격임을 확인합니다. 끝.

2019.03.26

사단법인 한국미술협회
이 사 장 이 범

호당가격확인서 샘플

갤러리는 금융회사처럼 중도 해지의 개념이 없다. 이에 따른 위약금과 추가비용이 있는지도 확인하자. 위탁렌털 기간 중에 파손될 경우 비용이 청구되는지도 알아보면 좋다. 내가 맡긴 작품이 대여되는 곳에서 손상될 경우 추가비용이 청구되진 않는지, 보험이 적용되는지, 어떤 대안이 있는지 알아보고 똑똑하게 거래해야 한다.

잘 고른 그림 한 점으로 매달 수익이 창출되고 후에 시세차익까지 본다면 이보다 더 좋은 재테크는 없다. 그림을 구매하기 전에 검토하는 과정은 당연히 필요하다. 사실 복잡할 것도 없다. 집 한 채를 구매할 때에도 뜨거운 물이 잘 나오는지 수도꼭지부터 틀어보는데, 예술가의 혼이 담긴 작품을 사는 일에 대충이란 없다. 초반에 꼼꼼히 알아보면 노동하지 않아도 제2의 월급이 들어올 수 있으므로 이 정도면 거뜬하다. 위탁렌털을 맡길 때 알아봐야 할 것들을 정리하면 아래의 표와 같다.

구분	확인 사항
갤러리	갤러리가 설립된 지 최소 3년 이상인가? □ 고객 후기를 찾아보니 반응이 좋은 편인가? □ 그림을 구매할 때 카드 사용 또는 현금영수증 발급이 되는가? □ 제휴작가가 최소 10인, 구매 가능한 작품 수는 최소 100점 이상 인가? □ 고객 계약 건수는 1년에 최소 500건 이상인가? □
담당자	담당자의 이력이나 전문성, 자격을 입증할 수 있는가? □ SNS를 통해 살펴본 담당자의 성향이나 취향이 나와 맞는가? □
작가	최근 전시이력이 많은 편인가? □ 뉴스 및 검색을 통해 꾸준한 작품 활동을 확인했는가? □ 해외 진출 이력이 있는가? □ 유명한 소장처 또는 소장자가 작가의 작품을 보유하고 있는가? □
작품	작품 실물 확인이 가능한가? □ 진품확인서 발급 또는 진품확인서에 작가 사인이 가능한가? □ 작품가격에 신빙성(호당가격확인서 등)이 있는가? □ 작품에 작가 사인이 있는가? □ 손상된 부분이 없는지 작품의 컨디션을 직접 확인했는가? □
진행 관련 내용	그림을 구매한 후 추가비용이 드는가? □ 미술품이 보험에 가입되어 있는가? □ 갤러리의 수익 창출 방법과 구조를 파악했는가? □

시장에서 많이 언급되는 유명작가들

주식시장에서 자주 언급되는 용어들을 알고 있으면 경제 뉴스가 편안하게 들린다. 마찬가지로 미술시장에서 자주 언급되는 작가들을 알아두면 미술 업계의 소식에 편안하게 빠져들 수 있다. 또 전 세계 건축물의 조각상이나 유명인의 집에 걸려 있는 작품들을 보고 어떤 작가의 작품이고, 얼마나 유명한 것인지 알아볼 수 있다.

* **게르하르트 리히터(Gerhard Richter, 1932~)** 다양한 화풍과 경계를 넘나드는 현대미술의 거장이다. 회화를 재해석해서 영역을 확장시켰다는 평을 받고 있으며, 사진, 판화, 회화 순으로 거래 가격이 높아진다. 국내외 온오프라인 미술경매에서 만날 수 있으며, 가격이 부담된다면 사진과 판화 작품을 주목해보자.

* **김환기(1913~1974)** 경매에서 작품가격이 100억 원을 넘긴 유일한 국내 화가다. "김환기의 기록은 김환기만 깰 수 있다."는 말이 오갈 정도이며, 다른 작품들의 거래도 활발하게 진행되고 있다. 그의 작품은 공통적으로 작품 속에서 자기 자신을 발견하고 성찰하게 하는 특징이 있다. 여러 작품들 중 1960~1970년대 뉴욕에서 활동하던 시기에 그린 작품들이 높은 가격에 거래되고 있다.

* **로이 릭턴스타인(Roy Lichtenstein, 1923~1997)** 팝 아티스트로 광고와 만화에 영감을 받아서 작품을 제작했다. 굵은 윤곽선, 강한 원색 또는 흑백의 작품을 만날 수 있으며, 해외 여러 유명 미술관에서 그의 작품을 소장하고 있다.

* **루이즈 부르주아(Louise Bourgeois, 1911~2010)** 현대미술을 대표하는 작가, 20세기의

중요한 미술가, 추상표현주의 조각가, 조각 분야의 개척자다. 여성, 사람, 그리고 관계를 표현한 작품들로 국제적인 명성을 얻었으며, 거미를 형상화한 <마망Maman> 시리즈로 유명하다. 국내 옥션에서도 그녀의 작품은 높은 가격에 거래되고 있다.

* **르네 마그리트(René Magritte, 1898~1967)** 초현실주의 화가로 여러 현대 미술가와 영화 등에 큰 영향을 주고 있다. 그의 작품은 해외 유명 미술관에서 만날 수 있으며, 컬렉터뿐만 아니라 그림을 잘 모르는 대중에게도 익숙한 예술가다. 미술시장에 자주 등장하는 것은 아니나 눈여겨보면 한 번씩 만나볼 수 있다.

* **마르크 샤갈(Marc Chagall, 1887~1985)** 상상 속 세계를 보는 듯한 샤갈의 작품은 전 세계적으로 많은 셀럽과 대중의 사랑을 받고 있다. 국내 경매에서도 종종 거래되는데, 그의 뮤즈 '벨라'와 관련된 작품들은 특히 아름다우므로 주목해보자.

* **무라카미 다카시(Murakami Takashi, 1962~)** 현대 미술가이자 세계적으로 유명한 미술가다. 국내외 유명한 컬렉터들과 셀럽들이 그의 작품을 소장하고 있다. 활짝 웃는 꽃이 들어간 판화 작품은 국내 경매에서 종종 만날 수 있으니, '유명작가의 유명작품'에 관심이 있다면 눈여겨보자.

* **박서보(1931~)** 묘법描法 회화를 추구하는 현대미술의 거장이자 단색 화가다. 한국의 정신을 잘 표현했다는 평을 받으며 회화와 판화 모두 국내외에서 인기가 있다. 색감은 전체적으로 편안하고 따뜻하며, 작품을 실제로 봤을 때 감동이 훨씬 크니 꼭 한 번 그의 작품을 직접 보러 가자.

* **알렉산더 콜더(Alexander Calder, 1898~1976)** 움직이는 미술인 '키네틱 아트'의 선구자이자 모빌의 창시자다. 추상회화의 선구자인 '몬드리안의 작품을 움직이게 하고 싶다.'는 생각이 오늘날의 그를 만들었다. 빅뱅의 지드래곤이 SNS에서 공개한 거실 사진을 보면 알렉산더 콜더의 작품이 걸려 있다.

* **나라 요시토모 (Nara Yoshitomo, 1959~)** '네오팝'을 대표하는 화가이자 조각가다. 귀엽지만 반항심이 가득해 보이는 어린아이의 표정을 한 그의 예술은 전 세계에서 많은 컬렉터의 사랑을 받고 있다. 그의 작품의 주인공은 어린아이나 강아지와 고양이 등의 동물이며, 미술시장의 스타작가 중 한 명이다.

* **유영국(1916~2002)** 한국 모더니즘과 추상미술의 선구자로 '산'을 모티프로 그린 작품들을 만날 수 있다. 작품 속 각각의 형태와 강렬한 색감이 조화로움을 이루며, 회화와 판화 모두 활발하게 거래되고 있다. 온오프라인 경매에서 종종 만날 수 있으니 꼭 체크해보자.

* **이우환(1936~)** 해외에서 인정한 현대 미술가다. 단색화의 거장이자 국내외 많은 컬렉터의 사랑을 한 몸에 받고 있다. BTS의 RM이 그의 팬임을 알려서 주목받기도 했으며, 회화와 판화 작품 모두 시장에서 활발하게 거래되고 있다.

* **천경자(1924~2015)** 독창적인 화풍으로 사후에도 많은 사랑을 받는 미술가다. 꽃과 함께 한 아름다운 여인을 그린 작품들이 유명하며, 한때 위작 논란으로 매스컴을 뜨겁게 달구었다. 현재도 많은 컬렉터의 사랑을 받으며 미술시장에서 종종 만날 수 있다.

* **쿠사마 야요이(Kusama Yayoi, 1929~)** 조각가 겸 설치미술가다. 셀 수 없이 많은 점으로 채워진 <호박Pumpkin> 시리즈는 한 번 보면 잊지 못할 강렬함을 느낄 수 있으며, 인천 파라다이스 시티 호텔 로비에서도 만날 수 있다. 경매에서는 비교적 작은 작품이나 평면으로 된 회화와 프린트 작품들이 등장하며, 현재 활발하게 거래되고 있는 작가이니 눈여겨보자.

마르크 샤갈 <천사들의 만The Bay of Angels>, 1962.
프랑스 정부가 발행하고 마르크 샤갈이 그린 포스터로, 인어공주가 지중해 연안에 떠 있는 꽃다발을 들고 있다.

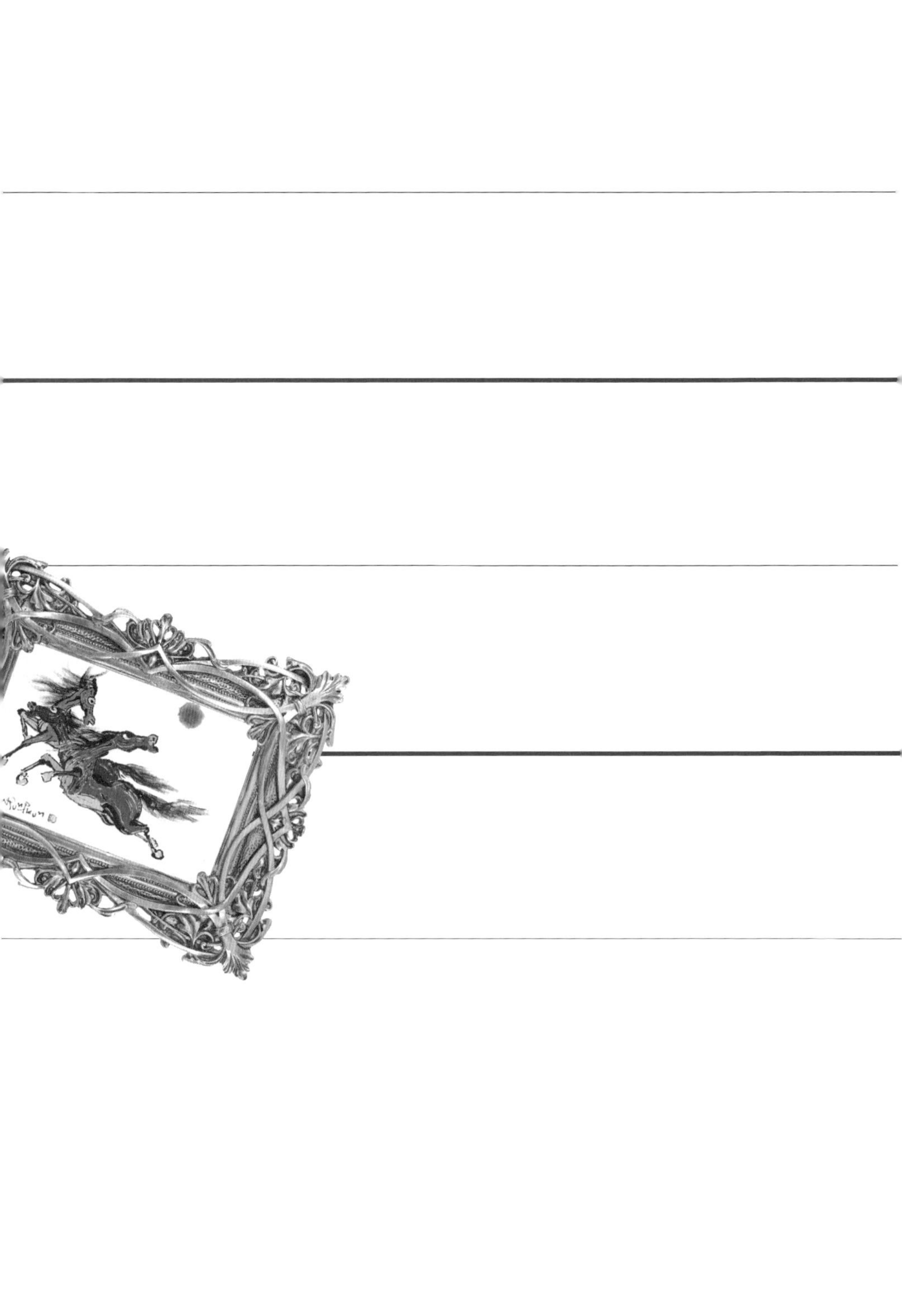

CHAPTER 3

돈을 모으기 위해 그림을 삽니다

터무니없는 그림값에 속지 않으려면

"작품가격이 왜 이렇게 비싸요?"

갤러리에서 작품을 구경하던 고객이 내게 물었다. 작품이 마음에 드는데 가격이 합당해 보이지 않는다는 말을 덧붙였다. 이 작품이 갖는 의미와 작가가 작품에 담은 비전, 그 비전을 꿈꾸며 작업해온 이력을 소개했지만 고객은 여전히 갸우뚱했다. '작품가격이 형성된 이유'를 납득시켜드리는 게 더 중요해 보였다. 그래서 다른 방법을 시도했다. 작가가 이 작품을 몇 개월간 그렸는데, 그 기간을 가격으로 환산하니 얼마가 나오는지 보여드린 것이다.

옳은 방법은 아니었으나 고객은 이내 수긍했다. 작품의 재료비와 인건비까지 최저임금으로 계산해보니, 이번엔 고객이 도리어 "이 금액에 팔아도 작가는 괜찮나요?"라고 물어왔다. 작품의 가격만 들었을 때는 터무니없게 느껴졌는데, 예술가를 하나의 직업으로 생각하며 작업시간을 노동시간에 대입해보니 이해된다는 것이다. 이것이 예술가들의 현실이다. 슬프게도 대다수의 예술가들은 최저임금도 안 되는 비용으로 작품을 팔고 있으며, 그마저도 팔리지 않아서 전전긍긍하고 있다.

작가를 걱정하는 고객에게 또 다른 관점을 더해서 설명했다. 작품을 구매해서 고객이 얻는 효과를 계산해서 보여주었다. 만약 고객이 미술품을 하루 이틀 소장하는 것이 아니라면 오랫동안 가지고 있을수록 점점 이득이 된다는 내용이었다. 1,000만 원짜리 작품을 1년 동안 소장한다고 가정해보자.

한 달에 지불하는 그림 감상료는 약 80만 원이다. 소장 기간이 10년이라면 한 달 감상료는 8만 원이 된다. 이를 1일로 환산하면 약 2,700원인데, 하루에 커피 한 잔 값도 안 되는 비용으로 아트테라피 효과를 얻고 예술문화를 향유할 수 있는 것이다. 그림을 소장하는 사이에 작가가 열심히 활동해서 명성이 올라가고, 가격까지 상승했다고 가정해보자. 이때 그림을 팔면 시세차익이 생기는 마법이 펼쳐진다. 1년이든 10년이든 지금껏 발생한 비용은 의미가 없어진다. 이게 바로 고객에게 알려준 미술품의 가치 상승이자 작품가격의 비밀이었다.

그렇다면 그림의 가격은 어떻게 산정할까? 갤러리에서 소개하는 가격을 정말 믿을 수 있는 것일까? 바로크 시대의 미술은 명암의 구분이 뚜렷하고, 신고전주의 시대의 미술은 붓 터치가 보이지 않을 만큼 현실적이어야 '잘' 그린 그림이었다. 이렇듯 시대마다 인기 작품은 뚜렷했는데, 복잡한 오늘날에는 시대상을 반영하듯 '잘' 그린 그림을 명료하게 말하기 어렵다.

현대 미술품의 가격을 믿기 어려운 이유

대학생인 V는 매달 120만 원의 아르바이트 비에서 일부를 모은 돈으로 미술품을 구매한다. '내가 고른 작품들 중에서 로또 같은 그림이 나오지 않을까?' 하는 상상은 명품 가방과 고가의 운동화를 사는 것보다 훨씬 더 짜릿했다. 더불어 주변 사람들이 그림을 수집하는 자신을 멋지게 바라보는 시선이 은근히 좋았다. 그러던 와중에 속상한 일을 겪었다. 어느 전시에서 특별할인을 해준다는 이야기에 작품을 구매했는데, 이후 더 비싸게 샀다는 사실을 알았다. 고가의 작품은 아니었지만 작품의 할인된 가격만큼 추후에 시세차익을 볼 수 있다는 말에 혹했던 것이 실수였다. 다른 갤러리에서 본 작가의 다른 작품은 V가 구매한 시세가보다 현저하게 낮았다. 가격이 왜 다른지 물어봤으나 뚜렷한 답을 듣지 못해 불신만 커졌다. 그가 구매한 작품은 집에 그대로 걸려 있지만, 작품을 바라보는 시선은 달라졌다.

이런 경우가 종종 있다. 갤러리에서 마음에 드는 그림을 발견하면 보통 가격부터 살핀다. 사고 싶지만 작품가격이 주머니 사정에 들어와야 하기 때문이다. 생각보다 비싼 가격에 망설이면 생각하지 못했던 제안이 들어오기도 한다. 아트딜러가 특별히 할인해주겠다거나, 다른 작품과 같이 사면 얼마를 빼주겠다는 이야기다. 그렇다면 사볼까 싶은데 어쩐지 찝찝하다. 이 작품은 원래 그 가격이 맞았던 것일까? 내가 구매한 작품과 비슷한 시기, 화풍, 크기의 작품을 다른 곳에서 20% 싸게 팔고 있다면 어떤 기분일까? 알고 보니 내가 산 곳에서 비싸게 팔았거나 작가가 작품가격을 다르게 책정한 사례였다면 다시는 그곳에서, 그 작가의 작품을 믿고 사기 어렵다. 작품을 사랑한 컬렉터에 대한 최소한의 예의를 저버렸기 때문이다.

왜 이런 일이 발생할까? 미술품 가격에 관한 문제 제기는 하루 이틀의 일이 아니다. 전시 중인 작가가 갤러리 모르게 뒤에서 작품을 싸게 판다거나, 갤러리가 작가 모르게 비싸게 팔고 차익을 챙겼다는 일이 일어나고 있다. 예술을 가격으로 환산하는 일이 쉽지 않기 때문이다. 게다가 미술은 작가와 작품에 대한 '이해'를 필요로 한다는 인식이 있어서 미술품 가치를 평가하는 '기준'에 조금씩 차이가 있다. 같은 작가의 작품도 금액이 천차만별이며, 그 가격을 산정하는 기준도 작가마다 다양하다. 작품의 의미, 판매 시기, 판매처도 제각각이니 작품가격을 통일하기가 어렵다. 또한 작가, 갤러리, 경매회사 같은 중간업체들이 얽혀 있다. 그래서 미술품 가격을 믿기 어렵다고 이야기한다.

미술품 가격이 가장 잘 드러나는 곳은 '경매장'이다. 시기와 타이밍이 잘 맞으면 작품의 가격이 쭉쭉 올라가기도 하고, 혹은 기준에 못 미치거나 수요자가 없어서 유찰되기도 한다. 작년의 인기작가가 올해에 소외작가가 되거나, 예상치 못했던 반짝 스타가 등장해서 현장의 치열한 경쟁 속 주인공이 되기도 한다. 이렇듯 경매장에서는 당일의 현장 분위기와 참여한 이들의 취향, 당시의 분위기에 따라 그림 가격이 달라진다.

작품의 판매 수수료는 작가와 판매처에 따라서 다르다. 작가가 자신의 수익을 조정하기도 하고, 중간업체인 갤러리와 경매회사의 방침, 전시 형태에 따라서 달라지기도 한다. 갤러리를 통해서 구매한 작품이 무조건 비싸지는 않다. 전시를 앞두고 작가와 작품을 위해 공격적인 마케팅을 펼쳐서 인건비와 홍보비를 책정하다 보면 수수료가 높아질 수도 있다. 수수료가 높아서 작품가격이 상승하는 경우도 있지만, 반대로 생각하면 공격적인 마케팅을 하는 것은 판매를 목적으로 하기 때문에 작품가가 터무니없이 높아지지 않게 개입하기도 한다. 갤러리의 마케팅은 작가의 입장에서는 다른 일에 신경을 덜 쓰고 작업 활동에 매진하게 한다. 그 대신 작품가를 설정할 때 작가가 자신의 몫을 낮춰서 가격을 맞춘다.

이렇듯 작품가는 작가와 갤러리, 시장의 흐름을 고려해서 책정된다. 한 작품이 어떤 과정을 거쳐서 컬렉터를 만나는지에 따라 가격이 달라지는 것이다. 그렇다면 가격은 어떤 것들을 고려해서 책정되며, 컬렉터들에게 신뢰를 주기 위해서 국내에서 도입한 방법은 무엇일까?

작가, 작품, 제작비가 가격을 결정한다

가격은 누가 결정할까? 작품을 창작한 작가다. 작가는 미술작품을 기획하는 것부터 제작, 마케팅, 판매까지 하는 1인 기업이다. 따라서 결정권자는 작가에게 있다. 그런데 작가가 그림의 '판매'를 원하면 상황이 달라진다. 물품에도 소비자가가 있듯 작가가 마음대로 가격을 결정하는 데 한계가 생긴다. 이에 작품가는 작가와 소비자, 그리고 판매처인 갤러리의 희망가를 함께 고려해 책정하게 된다.

작품가격을 설정할 때는 크게 3가지를 고려한다. 바로 작가, 작품, 제작비다. 먼저 '작가'에는 작가의 인지도(유명세), 전시경력, 기획전 또는 유명 아트페어 참가 이력, 작품 활동의 지속성, 작품 판매 이력 등이 포함된다. 작가가 유명할수록 작품을 찾는 이들은 늘어난다. 이는 더 많은 전시경력과 높은 판매량으로 이어진다. 점 하나 찍은 작가의 작품가격이 집 한 채보다 비싸지기도 하는 이유다.

100만 원에 작품을 내놓았더니 완판된 작가의 작품들은 이후 전시에서 가격을 그 이하로 내릴 필요가 없다. 시장의 반응도 작품가격에 영향을 미친다. 경매장의 낙찰가는 '당일 참여한 응찰자가 작품을 소유

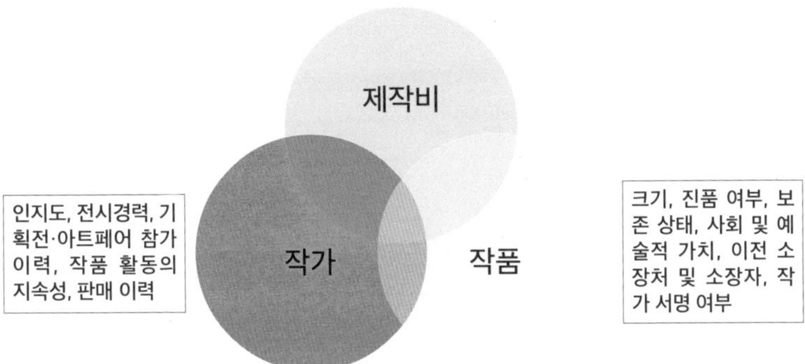

하기 위해 지불할 수 있는 가격'이다. 현장의 분위기, 미술시장에서 유행하는 화풍, 참여한 이들의 취향 등에 따라 충분히 달라질 수 있다. 어떤 작품을 두고 경쟁이 치열해지면 그림값이 올라가기도 하고, 때로는 원하는 컬렉터를 만나지 못해서 유찰되는 경우를 볼 수 있다.

전시경력은 작가의 이력을 평가하는 객관적인 기준이다. 전시경력이 많을수록 인지도와 수요자가 많을 확률도 높다. 규모가 크거나 대외적으로 인정받은 전시가 좋다. 전시 횟수보다 전시 장소가 더 중요하다는 말이다. 신진작가라서 경력이 많지 않다면 기획전 또는 아트페어 참가 이력을 보자. 해외 유명 아트페어에 참가했던 작가는 작품가격이 높을 수밖에 없다. 유명 아트페어는 작가가 원한다고 모두 참가할 수 있는 것이 아니기 때문이다. 이력을 면밀히 살펴보면 '작가의 작품 활동 지속성'을 예측할 수 있다. 아무리 유명한 작가라고 하더라도 중간에 붓을 내려놓는다면 작품의 가치 평가는 달라질 것이다. 작품 활동의 지속성 여부는 단기간에 알기 어렵지만 작가의 이력들을 통해 추측해 볼 수 있다.

다음으로 가격을 결정하는 주요 요소는 '작품'이다. 작품의 크기, 진품 여부, 보존 상태, 사회 및 예술적 가치(독창성), 소장처 및 소장자, 작가 서명 여부가 포함된다. 모든 조건이 같다면 작품의 크기가 작품가격에 영향을 미친다. 사이즈가 큰 작품이 작은 작품보다 금액이 높다. 제작비용이 더 들기 때문이다. 변수도 있다. 매번 큰 작품만 그리는 작가가 유일하게 한 점만 작은 작품을 그렸다면 작은 작품의 가격이 더 높을 수 있다. '작은 작품을 선호하는 수요자가 많을 때'라면 가격은 훨씬 더 올라간다.

또한 모든 조건이 같다면 잘 보존된 작품의 가격이 당연히 높다. 보존이 잘 안 되었어도 희소성과 사회 및 예술적 가치가 있는 작품이라면 높은 가격이 책정되기도 한다. 옆집 꼬마도 그릴 것 같은 작품이 높은 가격을 받는 이유는 '그림이 사회를 얼마나 잘 반영했고, 사회적으로 어떤 가치가 있는지'의 시선으로 바라보기 때문이다. 예를 들어 잭슨 폴록의 〈넘버 17A〉는 2015년에 약 2억 달러에 팔렸다. 물감을 뿌린 것 같은 잭슨 폴록의 그림은 제2차 세계대전 후 자유를 갈망하는 미국의 시대상을 담고 있다. 이젤에 캔버스를 두고 그림을 그리는 다른 예술가들과 달리 바닥에 캔버스를 두고 물감을 뿌린 그의 모습은 무엇에도 얽매이지 않는 미국의 자유로움을 표현하는 듯했다. 그의 그림은 당시의 상황과 맞아떨어졌고, 사회 및 예술적 가치를 인정받으며 앤디 워홀이 등장하기 전까지 미국을 상징하는 화가가 되었다.

소장처와 소장자도 중요하다. 아트페어에 가면 종종 듣는 말이 있다. "이 작품은 우리나라 대표 기관이 소장했던…", "미국의 대통령이 집에 걸어두었던…", "유명 아이돌도 구매한…"이라고 말문을 열며 유명 소장처와 소장자를 어필한다. 자신의 안목에 확신이 없는 이들은 소장처와 소장자를 따라 작품을 구매하기도 한다. 현대미술을 이끈 컬렉터인 찰스 사치가 구매하는 작품을 따라 구매하려는 사람들이 많은 이유와 같다. 왜냐하면 그가 소장했다는 이유로 작품가격이 올라가는 경우가 많기 때문이다. 또한 그림을 볼 때는 작가가 서명을 했는지도 꼭 살펴봐야 한다. 작가 서명의 진위 여부로 진품과 위작이 나눠지기도 한다.

마지막으로 '제작비'는 작품을 제작하고 판매하기 위해 들어간 비용을 말한다. 작품 제작에 필요한 캔버스, 물감, 액자 등의 재료비와 작품을 제작한 기간을 따져야 한다. 물감과 액자에 따라 재료비는 천차만별이다. 같은 색도 물감마다 브랜드가 다르며, 작가와 작품마다 물감의 사용량도 다르다. 액자도 어떤 나무를 썼고, 어떤 제작자에게 의뢰했는지에 따라 차이가 난다. 또한 제작기간이 길수록 그만한 수고가 더 들어갔을 것이라고 고려된다. 작가의 성향과 작품의 특징에 따라 짧게는 며칠, 길게는 몇 개월의 제작기간이 소요된다. 물론 제작기간이 길다고 해서 그 시간을 온전히 작품에 쏟았다는 보장은 없다. 제작기간이 작품 가격에 결정적인 영향을 끼치지 못하는 경우도 있다.

갤러리가 작품을 홍보하기 위해 쏟은 비용도 참고한다. 작가가 영감을 받아서 종이에 그림을 그린다고 끝나는 것이 아니다. 관계자가 모두 예술작품을 만드는 데 기여했다고 해도 과언이 아니다. 하나의 전시를 열기 위해 전시장 대관비, 홍보비(초대장, 광고비, 손님 접대비), 인건비(용역비), 보험료 등이 별도로 지출되는데, 이러한 부분이 작품가격에 영향을 미치기도 한다. 갤러리는 작품을 판매해서 얻는 수수료로 수익을 내므로 대관비와 홍보비 등은 대개 작품가격 안에 포함된다.

사고 싶은 작품을 발견했는데 그림의 가격이 의심스럽다면?

미술품 가격이 변동되는 일을 겪고 싶지 않다면 가장 좋은 방법은 컬렉터가 조금 더 부지런해지는 것이다. 마음에 드는 작가의 SNS에 들어가 작가의 성향을 살펴보면 좋다. 조금 더 노력해서 '판매처'도 알아보면 금상첨화다. 판매처, 즉 경매사와 갤러리의 규모를 따져보라는 것이다. 규모가 있는 갤러리는 가격이 상대적으로 투명하다. 그러면 이쯤에서 궁금해진다. 미술품도 거래내역을 신고할까? 안 하는 경우가 더 많다. 작가와 갤러리가 작품을 판매할 때 세금

신고를 해서 소득 증빙을 해야 하는데 대부분 현금 거래를 해서 신고를 피한다. 이 때문에 제1금융권은 미술품을 불안정한 상품으로 인지하는 것이다. 얼마에 팔렸는지도 모르는 상품을 담보로 어떻게 할부나 대출이 열릴까?

최근 반가운 소식이 들려오고 있다. 일부 갤러리에서 투명한 미술시장을 만들기 위해 정찰제로 판매하기 시작했다. 이를 통해 작가는 작품이 얼마에 팔렸는지 알 수 있고, 갤러리는 작가와 컬렉터에게 신뢰받으며, 컬렉터는 지불하는 가격을 의심하지 않아도 된다. 그러다 보니 금융 업계에서 미술품의 가치를 인정해서 이를 담보로 장기할부를 할 수 있게 됐다. 물론 모든 갤러리가 그런 것은 아니지만 점차 많아지는 추세다. 만약 당신이 그림투자를 고려해서 작품을 구매한다면, 정찰제로 거래하는 갤러리를 알아보면 좋겠다.

이렇게 정찰제로 판매해도 컬렉터가 가격과 가치를 인정하지 않는다면 원활한 거래가 형성되기 어렵다. 생각보다 비싼 작품가격에 놀라 자신의 안목이 낮다고 탓하거나 예술적 감각이 없다며 그림투자에 대한 호기심을 접을 필요가 없다. 미술품 가격이 형성되는 요인과 기준을 알고 나면 작품을 보는 시선이 달라지기 때문이다.

미술대학을 갓 졸업한 신진작가들도 작가의 길로 들어서면서 작품가격부터 고민하기 시작한다. 얼마가 오가든 값진 작품이겠지만, 냉정한 현실은 그들의 생각과 노력 대신 경제적인 가치로 작품가를 결정한다. 이때 신진작가들은 둘 중 하나를 선택해야 한다. 첫 번째가 앞서 언급한 작가, 작품, 제작비를 통해 가격을 책정하는 것이고, 두 번째가 지금부터 설명할 '호당가격제'다. 대부분의 갤러리에서는 가격 책정에 신뢰를 주기 위해 호당가격제를 사용하고 있는데, 이는 현재 국내에서만 볼 수 있는 독특한 가격 책정법이다.

그림을 사려면 꼭 알아야 하는 호당가격제

작가가 작품가격을 설정하는 방법은 다양하다. 작가가 스스로 설정하거나, 판매처와 협의를 통해 진행하거나, 호당가격을 정하고 협회에 인증 받는 방법이다. 여기서 소개할 이성근 화백은 세 번째 방법인 호당가격을 통해 작품을 판매했다. 그는 2011년에 호당가격을 100만 원으로 인증 받았고, 이후 약 8년 동안 왕성한 활동을 하며 2019년에 호당가격이 무려 50% 상승해 150만 원의 호당가격을 갖게 되었다.

화백님의 작품을 소장한 분들은 판매 시 약 50%의 수익률을 보게 되었다. 예를 들어 과거에 1억 원에 작품을 구매했다면 현재는 1억

5,000만 원으로 판매할 수 있다. 당시 소장자들이 질렀을 환호성이 귓가에 들려오는 듯하다. 현재 이성근 화백의 작품은 150만 원의 호당가격에 거래되고 있으며, 이마저도 작품이 없어서 팔지 못할 정도다.

호당가격제는 해외에서 유입되어 현재는 국내에서만 사용하고 있다. 아파트의 평당 가격처럼 작품의 호(號, 작품의 크기를 나타내는 단위)를 가격으로 환산하는 방법이다. 1호는 A4 용지를 반으로 접은 크기 또는 엽서 2개를 붙인 크기로 생각하면 된다(그린 대상이나 화풍에 따라 기준이 조금씩 다르므로 한국미술시가감정협회에서 제공한 뒷장의 표를 참고한다). 따라서 호당가격이 올라가면 그 작가의 전체 작품가격이 올라간다. 예를 들어 호당가격이 50만 원인 작가의 10호 크기 작품가격은 50만 원×10호=500만 원이다. 만약 작가가 활동을 열심히 해서 호당가격이 20만 원 상승한다면, 500만 원을 주고 샀던 작품을 70만 원×10호=700만 원에 되팔 수 있는 것이다. 이때 차익은 200만 원이 된다.

초기의 호당가격은 작가가 작품을 고려해서 책정한다. 이를 판매할 때 갤러리와 다시 조율하거나 협회에서 인증 받기도 한다. 협회에서는 호당가격을 인증할 때 작가의 인지도, 전시경력, 기획전 또는 아트페어 참가 이력 등을 고려한다. 따라서 그림투자를 목적으로 하는 컬렉터들은 작가가 정한 기준보다는 평가를 통해 인증 받은 호당가격을 선호하는 편이다.

이성근 <말-도약跳躍>, 한지에 수묵채색, 2017

	인물Figure	풍경Paysage	해경Marine
0호	18x14		
1호	22.7x15.8	22.7x14	22.7x12
2호	25.8x17.9	25.8x16	25.8x14
3호	27.3x22	27.3x19	27.3x16
4호	33.4x24.2	33.4x21.2	33.4x19
5호	34.8x27.3	34.8x24.2	34.8x21.2
6호	40.9x31.8	40.9x27.3	40.9x24.2
8호	45.5x37.9	45.5x33.4	45.5x27.3
10호	53x45.5	53x40.9	53x33.4
12호	60.6x50	60.6x45.5	60.6x40.9
15호	65.1x53	65.1x50	65.1x45.5
20호	72.7x60.6	72.7x53	72.7x50
25호	80.3x65.1	80.3x60.6	80.3x53
30호	90.9x72.7	90.9x65.1	90.9x60.6
40호	100X80.3	100X72.7	100X65.1
50호	116.8X91	116.8X80.3	116.8X72.7
60호	130.3X97	130.3X89.4	130.3X80.3
80호	145.5X112.1	145.5X97	145.5X89.4
100호	162.2x130.3	162.2x112.1	162.2x97
120호	193.9X130.3	193.9X112.1	193.9X97
150호	227.3X181.8	227.3X162.1	227.3X145.5
200호	259.1X193.9	259.1X181.8	259.1X162.1
300호	290.9X218.2	290.9X197	290.9X181.8
500호	333.3X248.5	333.3X218.2	333.3X197

단위: cm

일반적으로 신진작가의 호당가격은 1호에 3~5만 원, 중견작가는

1호에 30~60만 원이다. 한국미술시가감정협회에 따르면 호당가격이 제일 높은 국내 작가는 박수근 화백으로 호당 2억 4,000만 원이다(2019년 기준). 그렇다면 호당가격제가 내려가는 건 어떤 경우일까? 작가가 작업을 완전히 중단하거나 인증 받은 기관에 스스로 요청하는 경우다. 여기서 포인트는 '작가의 자의에 의한 것'이라는 점이다.

호당가격제를 악용하는 사례가 종종 있다. 중개업체가 멋대로 호당가격을 올려서 작품을 소개한 후 할인가라며 원가에 판매하는 경우다. 사실상 원가에 구매했기 때문에 컬렉터가 손해 봤다고 단정 지을 수 없으나, 그 컬렉터가 작가의 원래 호당가격을 알게 된다면 작가와 상의되지 않았음에도 피해가 오롯이 작가에게 미친다. 반대로 작가가 갤러리마다 금액을 다르게 협의하는 경우도 있는데, 어찌 됐든 컬렉터에게는 반가운 일이 아니다. 따라서 이와 같은 일을 피하려면 작품을 구매할 때 중개업체의 평판과 규모, 작품 시세를 확인해야 하며, 객관적인 지표로는 '진품확인서', '호당가격확인서'를 떼어보면 된다.

물론 호당가격제가 미술품 가격을 책정하는 가장 좋은 방식은 아니다. 같은 작가의 큰 작품이 작은 작품에 비해 높은 금액에 책정되는 것은 예술성과 무관하기 때문이다. 이에 1990년대 후반에 한국화랑협회가 호당가격제를 철폐해야 한다고 주장했다. 당시 여러 예술가들도 동조했으나 결과적으로는 여러 이해 관계자들에 의해 무산되었다. 갤러리는 화가의 작품을 객관적으로 유통할 지표가 필요했고, 화가는 자신이 그동안 쌓아올린 것을 놓을 수 없었으며, 컬렉터는 자신이 산 작품의 가격이 달라지는 것을 원치 않았다. 이에 대해서는 오늘날까지 의견이 분분하나, 대부분의 갤러리에서 그대로 이어지고 있다. 이렇듯 호당가격제는 국내 미술시장과 함께했다고 봐도 과언이 아니다.

호당가격제를 무조건 비판할 수 없는 이유가 더 좋은 지표라 할 만한 가격 책정법이 없기 때문이다. 만약 이마저도 없다면 미술품 가격은 말 그대로 '부르는 게 값'이 된다. 현재는 호당가격제를 통해 같은 작가의 작품들이 서로 다른 갤러리에서 전시된다고 해도 금액이 비슷하다. 그 덕분에 컬렉터가 작품가격을 믿고 구매할 수 있는 것이다.

또한 호당가격제는 작가의 노력과 예술성에 대한 인정과 보상도 된다. 열심히 활동해서 많은 판매량을 보유한 작가에게 호당가격을 상승해주는 것은 실질적인 보상이 될 수 있다. 또 이 제도를 믿고 미술품에 투자하는 이들도 많다. 그림투자자들에게 호당가격제가 주는 가격의 안정성과 발생 가능한 시세차익이 시각적으로 확인되기 때문이다. 컬렉터에게 호당가격제란 매력적인 제도라 할 수 있으며, 그림투자자들은 이를 적극적으로 활용할 필요가 있다.

가치가 상승할 미술품을 어떻게 알아볼까?

Y는 한동안 그림을 사지 않았다. 평소 미술에 관심이 많았던 그는 여유 자금이 생기면 신진작가들을 후원할 목적으로 그림을 구매했다. 그러나 그가 구매했던 작품의 작가들이 대부분 활동을 그만둔 사실을 알게 되자 맥이 빠졌다. 경제적으로 어려운 현실을 버티지 못한 작가들이 안타까우면서 응원할 대상을 잃어버린 기분이었다. 그러던 어느 날 뜻하지 않게 행복한 고민에 빠졌다. 아트페어에서 50만 원에 구매했던 신진작가의 작품을 판매하지 않겠냐는 문의를 받은 것이다. 그 작가는 꾸준하게 작품 활동을 이어가며 인지도를 쌓고 있었다. 자신의 안목이 틀리지 않았다는 기쁨과 같은 안목을 가진

사람을 만났다는 생각에 설렘을 느꼈다. 작품을 판매해서 시세차익을 볼지, 더 두고 볼지는 여전히 고민 중이다. 이후 그림값이 더 상승할 수도 있다는 기대감에 결정을 내리지 못하고 있다. 만약 이번에 작품을 팔면 수익은 작품가의 약 300%다.

대부분의 예술가는 신인으로 시작하고, 그중 다수는 현실적인 문제로 붓을 내려놓는다. 소수의 몇몇이 살아남아 작품 세계를 펼치면서 이력을 차곡차곡 쌓아간다. '투자 가치'가 높은 미술품이란 이렇게 작업을 꾸준하게 이어온 이들의 작품을 말한다. 미술품은 저가로 구매해서 고가에 판매할 때 차익을 볼 수 있으므로 될성부른 떡잎을 미리 알아본다면 투자 가치가 더욱 올라간다. 신진작가는 잠재 가능성이 무궁무진하기 때문이다.

비록 유명작가만큼 명성을 쌓지 못했고, 테크닉적으로 능숙한 것도 아니지만 자신만의 스타일을 찾아가는 과정을 보는 재미가 있다. 과감하게 느껴지는 도전적인 작품들에서 신진작가만의 신선한 매력을 느낄 수도 있다. 또 인지도가 높지 않기 때문에 상대적으로 가격이 낮다는 장점이 있다(신진작가라고 무조건 낮은 것은 아니다). 다이아몬드가 될 원석을 발견할 확률이 높은 것이다. 그리고 이런 데서 쾌감을 느껴 신진작가를 발굴하러 다니는 전문 컬렉터들도 많다.

새로운 작가, 작품을 만나는 것은 인간관계를 맺는 일과 비슷하다. 그중에서도 신진작가의 작품은 어린 시절에 친구를 사귀는 일에 비유할 수 있다. '앞으로 유명해질 신진작가를 발견하는 방법'은 '앞으로 유명해질 친구를 알아보는 방법'과 같다. 초등학교에 갓 입학해서 어떤 친구와 사귀었는지 기억하는가? 어울리다 보면 누가 인기가 많은지 금세 알게 되지만, 입학한 첫날 한눈에 알아보기는 어렵다. 보통은 첫인상이 좋고, 나와 결이 비슷한 친구를 곁에 두고 싶어 한다. 사람 보는 안목이 뛰어나 미래에 유명해질 친구를 대번에 알아봤다고 하더라도 성향이 맞지 않으면 굳이 사귀지는 않을 것이다.

성인이 되면 사람을 바라보는 안목이 생기고 취향이 명확해진다. 저 사람이 외향적인지, 예의가 바른지, 나와 말이 잘 통할지 등을 살핀다. 배우자를 볼 때는 직업이 무엇인지, 어떻게 성장했는지도 꼼꼼히 파악한다. 신진작가의 작품을 살 때는 어린아이의 시선과 어른의 시각을 두루 갖추어야 한다. 감동이 느껴지지 않는데 머잖아 뜰 것 같다고 작품을 구매하면 후회만 남는다. 사귀고 보니 잘 어울린다면 다행이지만 성향이 맞지 않으면 함께하는 시간이 고역이다. 나와 통하는 구석이 있고 잘 어울리는 작품, 내가 봤을 때 좋은 작품을 사야 한다. 그다음에 작가의 전시이력, 유명 경매나 갤러리와의 제휴 여부, 아트페어 참가 이력 등을 살펴야 한다. 신진작가의 작품에 돈을 투자한다면 어른의 시각에서도 꼼꼼히 확인해야 한다.

환금성이 높은 미술품을 사는 가장 쉬운 방법은 '유명작가의 유명한 작품'을 사는 것이다. 알다시피 유명한 작가의 유명한 작품은 비싸다. 고가의 작품은 앞으로 더 오를 것이라고 해도 얼마나 오를지, 이 금액이 이미 가장 높은 선은 아닐지 초보 컬렉터는 불안하다. 그래서 주머니 사정이 넉넉해도 비싼 작품을 선뜻 사기가 어렵다. 결국 조금 돌아가더라도 가장 좋은 방법은 안목을 높이는 것이다. 그렇다면 장차 유명해질 작품들은 어디에서 볼 수 있을까? 그들을 만날 수 있는 공간을 소개한다.

오를 가능성이 높은 그림들이 한 자리에

신진작가나 무명작가들은 SNS를 통해 작품을 열심히 홍보하고 있지만 그들을 모두 찾아서 보기에는 너무 많다. 가장 좋은 방법은 아트페어나 전시회를 방문하는 것이다. 그중에서도 국내에서 손꼽히는 아트페어로 아시아프가 있다.

아시아프는 2008년에 777명의 신진작가와 함께 시작했고, 지금은 미대생들 사이에서 '신진작가의 등용문'으로 불린다. 작가를 꿈꾸는 대학생 및 청년작가들이 지원하며, 아시아프에서 제안한 일정 규격과 금액선에 맞춰서 작품이 판매되기 때문에 금액이 들쑥날쑥하지 않는다. 작가의 길에 뜻이 있는 신진작가들이 몰리고, 관계자들이 작품을 선별해서 전시하기 때문에 미술 관계자들의 시선이 집중된다. 여러 미술대학에서 미래가 촉망되는 학생들이나 졸업생들이 참여하므로 특별한 작품이 많다.

다음으로 유명 아트페어에 방문하는 방법이 있다. 아트페어에 방문했는데 어디서부터 봐야 할지 잘 모르겠다면 '유명 갤러리'를 먼저 찾아가보자. 아트페어는 창고형 마트인 코스트코와 온갖 물품을 진열해놓은 박람회처럼 넓고 복잡하다. 빠르게 보아도 1시간이 넘게 걸리고, 제대로 보려고 하면 평균 3시간에서 반나절까지 시간이 소요되기 때문에 최대한 편한 신발을 신고 가는 것이 좋다. 처음부터 하나씩 보려고 하면 나중에 지쳐서 좋은 작품을 지나칠 수도 있다. 예매처를 통해 참가하는 갤러리의 명단을 미리 확인하고 가자. 국내에는 국제갤러리, 갤러리현대, 가나아트갤러리, 조현화랑, 학고재가 있고, 해외에는 가고시안과 화이트큐브가 있다. 이밖에 가보면 좋은 주요 아트페어는 다음과 같다.

*** 국내**

화랑미술제(한국화랑협회)

조형아트서울PLAS(청작아트)

한국국제아트페어KIAF(한국화랑협회)

마니프서울국제아트페어(마니프조직위원회)

아트부산(아트쇼부산)

부산국제화랑아트페어BAMA(부산화랑협회)

대구아트페어(대구화랑협회)

*** 국외**

아트바젤Art Basel(스위스, 미국, 홍콩)

아르코Arco(스페인)

아모리쇼The Armory Show(미국)

중국국제화랑박람회CIGE(중국)

프리즈Frieze(영국)

피악FIAC(프랑스)

쾰른아트페어ArtCologne(독일)

엘에이 아트쇼LA Art Show(미국)

아트스테이지 싱가포르ASS(싱가포르)

아트페어도쿄(일본)

쿤스트라이KunstRAI(네덜란드)

아트브뤼셀Art Brussels(벨기에)

아트페어에 가면 작품 캡션 옆에 빨간 스티커가 붙은 것을 볼 수 있다. 이미 팔린 작품이라는 표시다. 관심 있는 작품이라면 스티커를 통해 작품의 판매 여부를 확인한 후 현장에 있는 담당자에게 의사를 전달하자. 작품가격은 작품명 아래에 기재되어 있거나 담당자에게 따로 물어보면 된다. 구매를 원하면 현장에서 계약서를 작성하고, 작품은 아트페어가 끝난 후에 전달받을 수 있다.

나는 아트페어에 갔다가 전혀 몰랐던 작가의 작품에 반해 현장 구매한 적이 있다. 놓치면 안 될 것 같은 생각이 들어서 그 자리에서 바로 결정했는데, 아트페어가 끝난 후 작가에게 작품을 전달받으며 들은 이야기가 아직도 기억에 남는다. "제 경력은 제가 알아서 작품가격을 높이 받을 수 없었어요. 그렇지만 저는 비전을 가진 작가이기에 지금이 최저가예요. 더 이상 내려갈 곳이 없으니 이제부터 올라갈 거예요."

신진작가의 작품은 미술경매, 갤러리에서도 만날 수 있다. 주로 온라인 경매와 갤러리 공모전을 통해 유망한 신진작가들의 작품이 소개된다. 공모전은 10명 내외로 적은 인원을 선발하는 자리다. 갤러리 대표와 미술계 인사들이 선발한 작가들은 해당 갤러리를 통해 대중에게 공개된다. 전문가의 눈으로 검증된 신진작가를 만나고 싶다면 갤러리에서 진행되는 낯선 인물들의 전시를 눈여겨보면 좋다.

미술대학의 졸업전시회를 가보는 것도 추천한다. 졸업전시는 대학교에 따라 매년 11월 전후에 열리는데, 잘 활용하면 유망한 예술가의 첫 번째 컬렉터가 될 수 있다. 미대생은 작품을 판매해본 적 없는 학생들이 대다수다. 판매가 목적이라기보다 그동안 쌓은 실력을 축약해서 선보이는 자리이므로 작품가가 설정이 안 된 경우가 많다. 마음에 드는 작품을 만나면 가격을 문의해보자.

마음에 드는 그림이 있는데 '나만 좋아하는 그림'일까 염려되는가? 안목을 기르는 데 시간이 너무 오래 걸리는 것 아니냐고? 물론 지

름길도 있다. 미술애호가들이 인정한 작품을 눈여겨보는 것이다. 즉, 시장의 안목에 기대보자. 미술시장에서 활발하게 거래되는 작품, 유명 컬렉터가 보유한 이력이 있는 작품, 공신력 있는 기관에서 작가의 다른 작품을 소장하고 있다면 가격 상승을 기대하고 구매해도 좋다. 팁을 주자면 전시 포스터에 있는 작품이 그 전시의 메인일 확률이 높다. 오르는 작품을 찾아내는 방법들을 정리하면 다음과 같다.

1. 나의 취향에 잘 맞으며 다른 이들도 인정하는 작가 또는 작품
2. 유명 아트페어 또는 전시이력을 보유한 작가
3. 미술시장에서 활발하게 거래되는 작가 또는 작품
4. 유명한 소장처(소장자)에서 보유한 이력이 있는 작품

값이 오르는 작품을 고르고 싶다면 훗날 시세차익을 염두에 두고 있기 때문일 것이다. 운 좋으면 그림을 싸게 낙찰 받아 큰 차익을 남길 수 있는 경매장을 추천한다. 경매장은 왠지 딱딱하고 엄숙한 분위기일 것만 같은데, 요즘에는 온라인 경매나 SNS 경매도 활발하게 이루어지고 있어 문턱이 매우 낮아졌다. 이색적인 체험에 관심이 있다면 미술경매에 대해 살펴보도록 하자.

누구나 쉽게 할 수 있는 경매 따라 해보기

경매장을 떠올리면 상상되는 장면이 있다. 잘 차려입은 부유한 사람들이 패들을 들고 신경전을 벌이는 모습이다. 10년 전에 평창동에서 열린 모 옥션의 경매장에 처음 갔을 때 나도 그런 생각을 했다. 대학생인 내가 가도 될지, 쫓겨나는 건 아닌지 걱정이 앞서 미리 전화하고 갔던 기억이 난다. 처음 가본 경매장은 누구에게나 열린 공간이었고 꽤 조용했다. 그곳에는 나 같은 학생뿐만 아니라 아이를 데리고 온 가족, 나이가 지긋하신 분들, 무언가를 열심히 노트에 적고 있는 사람들 등 경매에 참여하는 인원 외에도 다양한 사람이 모였다.

경매는 몇몇의 눈에 띄는 인물과 수화기 너머에서 지시하는 사람들 위주로 돌아간다. 그들은 조용히 패들을 들거나 통화로 대리인에게 지시해서 경매에 참여했다. 경매장은 묘한 신경전이 오가며 100만 원, 1,000만 원, 억대의 금액이 마치 마트에서 생선을 고르듯 쉽게 오고 가는 자리였다. 이후에 알게 된 것은 경매장의 신경전에는 경매를 주도하는 경매사와 작품을 위탁판매한 판매자도 있었다는 점이다.

위탁판매자란 직접 구매한 작품을 팔고 싶어서 경매에 위탁판매를 맡긴 사람을 말한다. 구매했던 작품을 팔고 싶을 때, 작가가 소속된 갤러리가 없거나 갤러리에서 위탁판매가 어려울 때, 시장에서 활발하게 거래되고 있는 작품이라 큰 시세차익을 노릴 때 개인적으로 경매장을 이용한다. 작품은 경매장의 분위기에 따라 시세가보다 낮게 살 수도 있고, 예상 금액보다 높게 낙찰 받을 수도 있다. 판매자는 당연히 조금이라도 더 높게 받고 싶기 때문에 경매회사, 경매 방법, 시기 등을 충분히 고려해서 물건을 내놓는다.

세계적인 경매회사인 소더비와 크리스티는 주로 뉴욕과 런던, 홍콩에서 경매를 진행한다. 국내의 대표적인 경매회사인 서울옥션과 케이옥션은 다른 경매회사들에 비해 굵직한 작가들이 많이 등장하며, 서울옥션은 유일하게 상장되었다. 미술경매는 온오프라인 경매를 통해 참여할 수 있다. 언택트 시대에 맞춰서 온라인 경매가 굉장히 활발해졌는데, 무관객 비대면으로 실시한 '라이브 온 경매'가 케이옥션에서 진행되고 있다. 케이옥션은 SNS를 통해 실시간으로 고객의 문의에 응답하며 높은 호응을 이끌어냈다.

경매 참여를 위해서는 업체에 회원가입을 해야 한다. 온라인 경매는 모바일과 PC를 통해서 참여할 수 있으며, 오프라인은 현장, 전화, 서면으로 가능하다. 서면은 생각해둔 최고가를 미리 제출하면 보조 경매사가 대리로 응찰하는 방법이다. 단, 온라인과 오프라인의 출품작이 서로 달라 출품하거나 낙찰하려는 작품이 어느 쪽에서 진행되는지 미리 확인해봐야 한다. 이는 각 경매회사의 홈페이지를 통해서 확인할 수 있다.

초기에는 오프라인에 비해 온라인에서 비교적 저렴한 작품들이 등장하는 듯했으나, 온라인 미술시장이 활성화되면서 최근에는 그 경계가 옅어지고 있다. 그래도 '기대작' 같은 고가의 미술품은 오프라인에 등장하는 편이다. 모든 경매 출품작은 컨디션을 미리 확인할 수 있는 '프리뷰' 기간이 있다. 이 기간에 내가 사려는 작품을 실제로 확인할 수 있으니 관심 있는 작품이 있다면 사전에 방문해서 살펴보자. 작품이 손상된 줄 모르고 낙찰 받으면 문제가 생겨도 이의를 제기할 수 없다. 궁금한 부분은 현장에 있는 관계자에게 추가로 문의하면 된다.

경매 성공률 1,000%로 끌어올리기

경매에서 유의할 점은 '결제 방법'과 '수수료'다. 오프라인 결제는 현금 이체만 가능하며, 온라인 결제는 일정 금액에 한해서 카드결제가 가능하다. 수수료는 별도인데, 응찰자와 낙찰자 모두 지불해야 한다. 응찰자는 작품의 하한가를 신중하게 설정해야 한다. 터무니없이 낮은 가격에 작품이 팔리는 것을 막기 위해서다. 또한 낙찰자는 낙찰 후에 구매를 취소하면 위약금이 발생하기 때문에 수수료를 포함해서 기간 내에 납부할 수 있는 선을 고려해서 응찰해야 한다. 그래서 경매에선 낙찰가와 구매가를 구분해서 부른다.

낙찰가는 경매에서 낙찰된 금액이며, 구매가는 낙찰가에 낙찰수수료와 부가가치세를 더한 금액이다. 예를 들어 당신이 오프라인 경매에서 1,000만 원짜리 작품을 구매했다면 당신이 내야 할 낙찰수수료는 낙찰가의 15%인 150만 원이고, 부가가치세는 수수료의 10%인 15만 원이다. 따라서 구매가는 총 1,165만 원이 된다. 다음은 서울옥션과 케이옥션의 미술경매 수수료다.

*** 국내 미술경매 수수료**

위탁수수료: 10%(부가세 별도, 양도가액이 6,000만 원 미만이거나 양도일 기준으로 생존하고 있는 국내 작가의 작품은 제외)

낙찰수수료: 온라인 경매 18%(부가세 별도)*, 오프라인 경매 국내 15%(부가세 별도), 홍콩 18%(부가세 별도)

* 케이옥션의 온라인 경매수수료는 1,000만 원까지 18%이며, 초과 금액에 한해서 15%의 수수료를 적용한다(1,000만 원x18%+(낙찰가-1,000만 원)x15%). 경매는 수수료 외에도 업체에 따라 정회원 가입비, 운송비, 보험료가 추가로 발생할 수 있다.

경매는 출품작에 제한이 있다. 출품을 희망하는 작품은 경매사의 자체 심사를 통해 출품 여부가 결정된다. 각 회사의 방침에 따라 위탁 신청을 하면 내부 심사 후 출품이 결정된다. 그래서 경매에 나온 작품은 전문가의 검증을 거쳤다고 판단해서 컬렉터의 신뢰를 얻을 수 있다. 즉, 출품되는 모든 작품을 누구나 살 수 있지만 누구나 작품을 팔 수는 없는 것이다. 따라서 경매를 통해서 미술품을 거래하고 싶다면 사전에 작가의 경매 이력을 먼저 살펴보자. 경매에 자주 등장했거나 높은 낙찰가를 받았다면 작품 위탁이 용이하다. 반대로 유명 아트페어나 경매 참가 이력이 전혀 없거나 빈번하게 유찰되었던 작가라면 상대적으로 어렵다. 경매의 출품작과 추정가를 미리 받아보고 싶다면 도록이 도움이 된다. 정회원으로 가입하면 경매 전에 받아볼 수 있고, 약 10~20만 원의 연회비가 발생한다. 정회원으로 가입하지 않아도 경매장에 방문하면 도록을 받을 수 있다. 도록만 꾸준히 살펴봐도 미술시장의 흐름을 어느 정도 파악할 수 있다.

최근에는 전문 미술경매사를 대체하는 플랫폼이 등장하고 있다. 플랫폼 내에서 자체적으로 미술경매를 진행하는 것이다. 또한 유튜브 같은 SNS를 통해서 컬렉터가 직접 자신의 소장품을 선보이기도 한다. 국내외 경매사들이 적극 활용하는 SNS 중 하나가 인스타그램이다. 특히 라이브 방송을 통해 전문가의 작품 설명을 들을 수 있고, 실시간으로 작품에 대해 질문할 수 있다. 경매 현장의 생생한 모습을 관람하고 싶다면 관심 있는 회사의 SNS에 알림을 신청해서 경매를 즐겨보자. 소더비(@sothebys), 크리스티(@christiesinc), 서울옥션(@seoulauction), 케이옥션(@k_auction) 모두 인스타그램을 운영하고 있다.

나는 경매에 관심 있는 분들에게 프리뷰 기간을 적극 이용하라고 말한다. 프리뷰는 대부분 무료로 진행된다. 작품에 관심 있는 이들이 모여서 작품의 상태를 확인하고 응찰할 작품을 고민하는 자리로 경매 전 미리보기 기간이라고 생각하면 된다. 경매사는 저마다의 기준을 가지고 꼼꼼하게 체크하기 때문에 프리뷰에서 만날 작품들은 국내외에서 인정받는 작가 또는 작품일 확률이 높다. 경매회사의 성향에 따라 다양한 분야의 미술품을 만날 수 있으며, 현재 미술계의 유행과 흐름까지 볼 수 있는 자리다. 아트페어와 경매사의 프리뷰만 꼼꼼하게 봐도 이전과는 다른 안목으로 그림투자의 방향을 결정할 수 있다. 유명한 경매사들을 정리하면 다음과 같다.

*** 국내**

서울옥션 www. seoulauction.com

케이옥션 www. k-auction.com

아이옥션 www. insaauction.com

에이옥션 www. a-auction.co.kr

코베이 www. kobay.co.kr

동아옥션 www. dauction.kr

*** 국외**

소더비 www. sothebys.com

크리스티 www. christies.com

필립스 www. phillips.com

폴리옥션 www.polyauction.com.hk

차이나가디언 www.cguardian.com

알아두면 돈이 되는 미술용어들

작가들의 개성 넘치는 그림을 보면 다양한 재료와 색감, 기법을 사용하고 있다. 작품의 좌우 혹은 하단에 있는 작품 캡션을 보면 작가명, 작품의 제목과 사이즈, 재료 등 작품에 대한 기본적인 정보를 확인할 수 있다. 그림의 바탕과 재료가 작품가격에 영향을 미치므로 몇 가지 미술용어를 알아두면 이해를 높이는 데 도움이 될 것이다.

＊재료

유화물감: 오일로 물감을 개며, 주로 캔버스에 작업하고 서양화에서 사용한다. 작품 캡션에 "캔버스에 유채", "Oil on canvas"라고 표기된다.

아크릴물감: 물로 물감을 개며, 주로 캔버스에 작업하고 서양화에서 사용했으나 최근에는 동양화에도 매치해서 사용하고 있다. 작품 캡션에 "캔버스에 아크릴", "Acrylic on canvas"라고 표기된다.

수채화물감: 물로 물감을 개며, 시중에서 가장 쉽게 접할 수 있다. 아크릴보다 맑고 투명해서 덧입히기 어려워 작품 수정에 한계가 있다. 종이와 캔버스 모두 사용되며 작품 캡션에 "종이(캔버스)에 수채", "Water color on paper(canvas)"라고 표기된다.

분채: 굵고 딱딱하며 입자가 큰 동양화의 안료로, 아교와 물을 사용해서 갠다. 작품 캡션에 "장지에 분채"라고 표기된다.

석채: 분채보다 입자가 작고 비싼 동양화의 안료로, 아교와 물을 사용해서 갠다. 작품 캡션에 "장지에 석채"라고 표기된다.

파스텔: 손에 잘 묻어나며 수채화물감, 색연필, 펜, 목탄 등 다양한 재료와 어울린다.

목탄: 까만 가루가 손에 잘 묻어나며 소묘에서 주로 사용한다. 쉽게 부러지고 뿌연 효과를 연출할 수 있다. 파스텔과 목탄은 연필과 펜에 비해 관리가 어렵다. 작품을 완성한 후 픽사

티브를 뿌려서 가루가 날아가거나 번지는 것을 방지한다.

펜: 굵기에 따라 세밀하고 날카로운 효과를 낼 수 있으며, 다양한 색상을 사용할 수 있다.

* 서양화 재료는 가격이 유화, 아크릴, 수채화 순으로 낮아진다.
* 동양화 재료는 가격이 석채, 분채, 튜브형 동양화물감 순으로 낮아진다.
* 서양화의 바탕은 캔버스, 종이 순으로 가격이 낮아지며, 동양화의 바탕은 비단, 장지 순으로 가격이 낮아진다.
* 재료의 가격은 브랜드, 바탕의 가격은 구매처나 장인 제작 여부에 따라 달라질 수 있다.

MOULIN ROUGE
MOULIN ROUGE
BAL
LA GOULUE

CHAPTER 4

일상을 예술로 만드는 그림투자 아이디어

판화와 굿즈로 방도 꾸미고 재테크도 하고

가수 BTS의 RM은 소문난 미술애호가다. 공식 SNS를 보면 윤형근 화백부터 데미안 허스트까지 국내외를 넘나들며 예술을 즐긴다. 뿐만 아니라 지역 청소년을 위해 미술책 제작을 지원하는 등 예술 후원에도 힘쓰고 있다. 그림에 대한 그의 안목은 SNS에 공개된 음악 작업실에서 고스란히 나타나는데 전문 컬렉터 못지 않게 감각적이다. 특히 곳곳에 보이는 '아트토이Art Toy'는 그의 취향을 보여준다.

아트토이란 쉽게 풀이하면 예술과 장난감의 결합이다. 기존의 인형이나 장난감에 예술가의 작품을 입히거나 명품 업체와 콜라보 한 작품으로 많은 컬렉터의 사랑을 받는 예술품이다. 그리고 아트토이가 예술품으로 인정받게 된 배경에는 21세기의 앤디 워홀이라 불리는 카우스KAWS*가 있다. 아마 RM의 팬이라면 한 번쯤 들어봤을 법한 인물이다.

카우스는 자기만의 상징적인 이미지를 내세운 작품들을 선보이고, 많은 유명인들과 친분이 두터운 미국의 예술가다. 그는 조각, 캔버스, 애니메이션, 포스터, 아트토이로 영역을 넓혀갔으며, 그의 작품은 홍콩 소더비 경매에서 167억 원의 경매가를 기록하기도 했다. 카우스는 작품의 제작 과정과 소식, 일상, 그리고 국내외 유명인들과 촬영한 사진들을 SNS로 팬들과 공유한다. 유명인들의 팬을 자신의 팬으로 사로잡은 마케팅 덕분에**, 그의 대표적인 아트토이인 '컴패니언companion'은 전 세계가 주목하는 가장 핫한 예술작품으로 자리매김했다.

두 손으로 얼굴을 가린 컴패니언의 포즈는 오늘날의 카우스 작품의 인증샷으로 유명하다. 해골의 얼굴에 미키마우스의 몸을 형상화한 모습은 컴패니언의 시그니처다. 방탄소년단의 RM 역시 그의 팬답게 얼굴을 가린 인증샷을 남기기도 했다. RM의 인스타그램을 보면 아트토이 찾기를 하는 재미가 있을 정도다.

---

* 카우스는 1974년 미국 뉴저지에서 태어났다. 본명은 브라이언 도넬리Brian donnelly로 그래피티 아티스트로 활동하며 전화 부스, 버스정류장, 광고판에 자신이 만든 이미지를 믹스해 이목을 끌었다. 현재 카우스는 예술과 상업을 넘나드는 21세기 팝 아티스트로 평가받는다.

** 국내에서는 BTS의 RM과 제이홉, 빅뱅의 지드래곤, 위너의 송민호, 박서준, 정해인, 강다니엘 등 여러 연예인들이 SNS에 그의 작품을 등장시켰다.

벽에 붙인 바나나가 무려 1억 4,000만 원?

카우스의 아트토이가 그렇듯이 회화만 미술품으로 인정받는 것은 아니다. 미술시장의 변화에 따라 미술 장르가 회화에서 개념미술***, 미디어 아트, 아이패드 드로잉으로 확장되었다. 마찬가지로 그림투자도 종이에 그린 그림만을 거래하지 않는다. 이미 미술시장에서는 회화와 조각 작품을 제외한 예술품 거래가 활발하게 이뤄지고 있으며, 그중 아트토이와 판화만 컬렉팅 하는 팬층도 두텁다.

도쿄에서 2010년에 카우스의 아트토이 〈피노키오와 지미니 크리켓Pinocchio and Jiminy Cricket〉이 한화 약 20만 원에 발매되었는데 2020년에 한화 약 1,900만 원에 낙찰되었다. 이외에도 한정판이나 유명 예술가의 콜라보 미술품은 높은 가격에 거래된다. 수요자가 많을수록 가치가 올라가는 시장의 원리가 여기서도 적용된다. 이 사례들로 비추어보아 아트토이에 대한 많은 수요가 경제적 가치까지 창출했음을 알 수 있다.

아트토이 외에도 사진가가 촬영한 사진, 원화를 찍은 판화도 예술품으로 인정받는다. 현대 미술품은 외형적인 측면보다는 작가의 의도와 생각이 중요해지면서****, 다양한 화풍과 상상 이상의 작품들이 등장하고 있다. 이에 텍스트와 변기뿐만 아니라 벽에 테이프로 붙인 바나나

*** 작품의 물질적 측면보다 비물질적 측면을 중요하게 생각한다. 작가의 아이디어나 제작 과정을 예술이라고 생각하는 현대미술의 경향을 가리킨다.

**** 아서 단토, 《예술의 종말 이후》, 미술문화.

도 예술품으로 인정받아서 거래된다.

이탈리아 예술가 마우리치오 카텔란의 〈코미디언Comedian〉은 마트에서 흔히 볼 수 있는 바나나를 테이프로 벽에 고정한 작품이다. 그는 무려 12만 달러(한화 약 1억 5,000만 원)에 작품을 출품하면서 인터뷰에서 이렇게 말했다. “이 작품은 세계무역을 상징하고, 이중적인 의미가 있는 고전적인 유머다.” 놀랍게도 작품은 팔렸다. 이 작품을 구매한 이는 작가의 생각과 의도, 개념을 구매한 것인데, 이쯤이면 ‘개념미술은 개념 없는 미술’이라는 혹자의 말이 이해된다. 지금 우리는 현대 미술품에 대해 어려움과 낯설음을 느끼게 된 동시에 더 재미있게 접근할 수 있는 기회를 맞이한 것이다.

무궁무진한 판화의 잠재력

나의 지인은 유명작가의 판화를 검색하는 취미가 생겼다. 주변에서 판화로 돈을 벌었다는 이야기를 듣고 나서였다. 지인이 유명작가의 한정판 디지털 판화를 30만 원대에 구매했는데, 작가의 다른 작품이 경매에서 높은 가격에 낙찰된 이후 판화 가격 또한 급상승한 것이다. 물론 판화는 원화와 달라 찍어낸 순서와 작가의 사인 여부 등 고려해야 할 부분들이 더 있지만 “잘 고른 판화 한 점이 웬만한 원화 한 점보다 낫다.”는 말에 동의한다. 상대적으로 저렴한 판화의 가격도 큰 장점이다.

그가 판화에 관심을 둔 것도 가격 때문이었다. 전시회를 다니며 접했던 작가의 회화 작품들은 높은 가격에 구매할 엄두가 나지 않았다. 그는 좋아하는 예술가의 작품을 집에서 감상하고, 적절한 시기에 경매에 내놓으면 돈을 벌 수 있다는 이야기에 판화로 관심을 돌렸다. 유명 작가의 작품을 소장했다는 만족감과 작가가 유명해지면 판화의 가치가 올라간다는 말을 믿고 컬렉팅 하고 있다. 올해 그의 버킷리스트는 유명작가의 판화로 시세차익을 보는 것이다.

판화란 '찍어내는 것'이다. 유명한 작품을 판화로 다시 찍어내거나 애초에 판화로만 작업해서 결과물을 낸다. 툴루즈 로트레크Toulouse-Lautrec*가 판화를 예술로 승화시키고 앤디 워홀이 꽃을 피우면서 오늘날 판화는 하나의 작품으로 인정받고 있다. 실크스크린, 목판화, 석판화, 동판화, 디지털 판화 등 제작방법이 모두 다르다.

판화를 구매할 때 가장 중요한 것은 작가가 생전에 판화를 찍는 일에 참여했는지 여부다. 작가의 사후에도 소장자의 동의를 구해서 판화를 찍기도 하는데, 여기에는 작가의 서명이 없다. 사후 판화도 예술

---

* 판화를 예술로 승화시킨 19세기 인물이다. 물랭루주의 지정석에 앉아 당시의 무용수들을 그려서 '몽마르트의 귀신'이라는 별명이 있을 정도다. 로트레크의 유화작품 <세탁부>는 2005년 뉴욕 크리스티 경매에서 2,240만 달러(한화 약 224억 원)에 낙찰되었는데, 그가 3,000장 인쇄했던 석판화 <물랭루즈 라 굴뤼>는 만약 경매시장에 나온다면 상상할 수 없는 낙찰가를 받을 것이라고 한다. 혹자는 로트레크가 없었다면 앤디 워홀도 등장할 수 없었다고 얘기한다. 로트레크의 스타일이 워홀에게도 영향을 미쳤을 것이라는 추측이다.

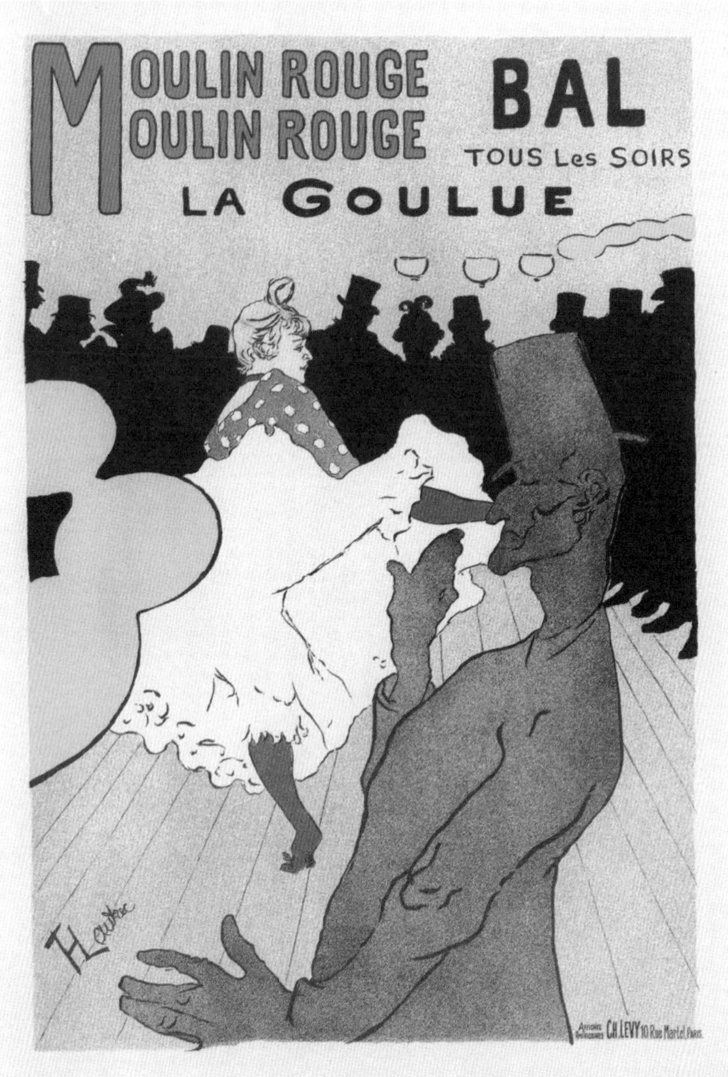

툴루즈 로트레크 <물랭루주 라 굴뤼>, 1898

적 가치를 인정받지만 작가가 직접 개입한 판화와는 경제적 가치에 차이가 있다. 작가의 사인이 들어가거나 작가가 직접 참여했다는 증빙이 있을수록 가격과 가치가 높아진다. 아무리 유명한 작가의 작품이라도 작가가 직접 참여했다는 보증서나 사인이 없으면 좋은 인쇄기술로 프린트한 이미지일 뿐이다. 따라서 작가의 서명을 가장 먼저 확인해보자.

또한 판화를 사기 전에 확인해야 할 것은 넘버링(에디션 넘버)이다. 넘버링이란 작품 하단에 0/000라고 적힌 숫자로, 이는 '몇 번째 장/판화의 총 장 수'를 의미한다. 발전된 기술로 색감의 차이가 거의 없기 때문에 넘버링은 큰 의미가 없다는 의견도 있다. 그러나 여전히 먼저 찍어낸 앞번호를 선호하는 컬렉터들이 있으며, 선호하는 컬렉터가 많을수록 수요는 높아진다. 선호도가 높다는 것은 팔릴 확률이 높다는 뜻이고, 이는 곧 차익을 남기기 쉽다는 말과 같다. 숫자 대신 APArtist Proof가 적혀 있기도 하다. 이는 작가의 소장본으로, 전체 에디션의 약 10% 수량만 한정적으로 찍어낸다. 찍어낸 수량이 적을수록 선호도가 높다.

물론 모든 작품이 그러하듯 보존 상태와 색감 등을 보는 것은 필수다. 대개 가격은 같은 작가 기준으로 원화보다 판화가 현저하게 낮다. 낮은 가격으로 유명작가의 작품을 구매할 수 있다는 장점이 있어서 판화를 모으는 컬렉터들이 늘고 있다. 더해서 판화 구매를 돕는 업체도 등장했다. 그중 몇 개의 업체를 소개한다. 판화에 관심 있는 컬렉터라면 눈여겨봐야 할 곳들이다.

프린트베이커리 **www.printbakery.com**	빵을 고르는 일상처럼 미술품을 쉽게 누릴 수 있도록 미술의 대중화를 위해 만들어졌다. 원화와 디지털 판화로 제작된 작품들을 구매할 수 있다. 실제 원화에 가깝게 고유의 색감을 잘 담아낸다는 평가가 입소문을 탔다. 또한 각 작품마다 작가의 친필 서명과 넘버링을 기재한 것도 인기 요인이다. 원화와 같은 특별함에 컬렉터들의 관심을 받고 있다.
갤러리아트리에 **www.artrie.com**	국내외 다양한 작가의 판화를 만날 수 있다. 에바 알머슨과 유리오 에델만뿐만 아니라 김종학, 유영국, 이대원, 이왈종과 같은 우리나라 미술사의 중요한 작가들과 아트페어에서 종종 만나는 작가들의 판화를 합리적인 가격에 구매할 수 있다.
그림닷컴 **www.gurim.com**	50년 동안 축적된 기술로 고퀄리티 판화를 제공하는 곳이다. 전문 큐레이터가 엄선한 3만여 종의 그림을 보유하고 있으며, 현대미술뿐만 아니라 민화까지 다양하게 만날 수 있다. 한정판 에디션 판화를 판매하며, 액자와 매트까지 고객이 직접 선택할 수 있다.

스페셜 굿즈 모으기를 좋아한다면

작품을 구상하기 전 아이디어 단계에서 그려보는 것을 드로잉 또는 스케치라고 부른다. 작가의 드로잉 작품도 투자 가치를 인정받고 있다. 드로잉을 하나의 과정이자 작품으로 보는 경향이 생겨나면서 가치가 부여되기 시작한 것이다. 특히 유명작가의 드로잉일수록 가치가 높게 평가되는데, 박수근 화백의 〈노상〉 드로잉이 2018년 경매에서 약 2,000만 원에 낙찰된 사례도 있다.

최근에는 작가들이 노트 대신에 태블릿PC에 드로잉을 한다. 그러면서 생겨난 것이 '디지털 드로잉(아이패드 드로잉)'이다. 연필로 그리면 노트와 연필 등을 계속해서 구매해야 하는데, 태블릿PC는 다르다. 수백, 수천, 수만 장을 그려낼 수 있고, 저장 공간이 넉넉해 예술가들이 선호한다. 그래서 이것을 출력해서 거래하는 작가들이 생겼다. 때로는 디지털 드로잉이 판화보다 높은 가격에 책정되면서 주목을 끌고 있다. 현존하는 작가 중 가장 비싼 그림 가격을 기록한 것은 데이비드 호크니의 아이패드 드로잉으로, 시장에서 몇천 만 원에 거래된다 하니 눈여겨볼 만하다.

'굿즈'도 인기다. 굿즈는 원래 연예인이나 스포츠팬을 대상으로 디자인한 상품을 말한다. 최근에는 시장 규모가 커지면서 각종 업계에서 굿즈를 제작하고 있다. 이에 따라 유명작가와 관련된 굿즈를 모아서 그림투자를 하는 컬렉터들도 있다. 과거에 굿즈를 사는 사람들은 아트컬렉팅이 목표였던 분들이 많았다. 좋아하는 연예인이나 캐릭터의 굿즈를 모으듯이 좋아하는 작가의 작품이 그려진 에코백, 퍼즐, 담요 등을 모은 것이다. 굿즈를 액자에 넣어서 보관하기도 한다. 유명 연예인의 굿즈가 팬들 사이에서 고가에 거래되는 것처럼 해당 작가가 인기를 얻을수록 이를 판매해서 뜻밖의 수익을 내기도 한다.

유명작가는 인터넷 플랫폼과 개인 거래만이 아니라 미술경매에 굿즈가 등장하기도 한다. 경매사의 홈페이지에 들어가 보면 온라인 경매를 통해 뜻밖의 상품을 만날 수도 있다. '굿즈 모으는 취미가 있고 높은 가격에 되팔 생각'이 있다면 굿즈를 눈여겨보자. 물론 이와 같은 경우에는 거래 내역이 기재된 관련 서류를 잘 간직해야 한다. 출처는 명확할수록 좋다. 그러나 갤러리나 아트페어에서 다른 컬렉터가 소유하던 굿즈를 매입해서 재판매하는 경우는 드물다. 굿즈를 활용해서 그림 투자를 한다면 유통망을 알아두어야 한다.

유명 연예인들 그림값의 비밀

유명 연예인 T의 팬인 B는 뜻밖의 제안을 받았다. 몇 년 전에 T가 그린 미술품을 한 점 샀는데, 비싼 가격에 사고 싶다는 요청이었다. B가 그 작품을 구매한 이유는 하나였다. T가 직접 제작한 작품이었기 때문이다. 연예인이 그린 그림에는 그의 손길이 오롯이 담겨 있다. B에게 그 작품은 T와의 연결고리가 될 수 있는 스페셜 에디션이자 세상에 하나뿐인 한정판이었다.

그가 그린 작품은 B의 보물 1호였기에 작품은 팔지 않기로 했다. T의 외국인 팬이 제시한 큰돈에 잠시 마음이 흔들렸지만 이미 작품에 정이 많이 들었기 때문이다. 대신 이를 계기로 요즘 언급되는 그림투자라는 것을 실감하게 되었다. 이에 B는 다른 연예인의 작품을 구매하고 이후 다시 판매해서 수익을 창출하는 재테크를 생각하게 됐다. 유명 연예인의 작품은 신진작가들에 비해 꽤 비쌌지만 투자라고 생각하니 해볼 만하다고 판단했다. 알아보니 생각보다 미술 활동을 하고 있는 연예인들이 많았다. 천천히 다음 작품을 물색해보기로 했다.

미술을 이제 막 시작한 유명인이 작품을 높은 금액에 팔았다는 이야기를 심심치 않게 들을 수 있다. 물론 매체에서 소개된 인기 연예인의 수익에 비해서는 현저하게 낮은 금액이지만, 한평생 그림 작업에 몰두한 작가에 비추어보면 월등하게 높은 금액이다. 유명인, 특히 연예인들의 미술작품은 왜 비쌀까?

이는 그들의 예술적 감각을 높이 산 것도 있겠지만, 기본적으로 그들이 '유명하기 때문'이다. 소비자들의 입장에서 작품과 작가를 알아야 그림에 관심을 가지고 구매할 수 있다. 주도적으로 컬렉팅 하는 사람이 아니라면, 작가가 누군지도 모르는데 선뜻 작품을 구매하기란 어렵다. 그런데 연예인은 이름값이 있을 뿐더러 다른 이들에 비해 작품이 매체에 쉽게 노출된다. 그들이 작업하게 된 계기, 작품 속에 담긴 의미와 전시 일정이 방송을 타면 실시간으로 인터넷 뉴스 기사에서도 접할 수 있다.

전업 작가에게는 작품에 대해 공개적으로 이야기할 기회를 가진다는 것만으로 엄청난 행운인데, 유명인은 비교적 쉽게 하고 있다. 굳이 전시장까지 가지 않아도 그들의 작업장을 배경으로 작업하는 퍼포먼스까지 멋지게 방송된다. 거기에 다른 유명인도 그 연예인의 작품을 샀다거나, 사고 싶다고 말하니 이보다 훌륭한 홍보가 없다. 그러다 보니 작품을 소유하고 싶은 컬렉터들이 많아지는 것이다. 컬렉터들이 늘어나면 어떤 일이 벌어질까? 당연히 한정된 작품을 가지려는 경쟁이 생길 것이고, 경쟁이 치열할수록 작품의 경제적 가치는 상승한다. 시장의 원리에 따라 작품가격은 오르며, 어떤 연예인의 작품은 몇천 만 원에 팔리기도 한다.

연예인의 인기만큼 가치를 평가받을 수 있을까?

투자의 관점에서 미술품의 가치를 명확하게 평가하는 것은 전문가들에게도 어려운 일이다. 객관적인 요소만큼 주관적인 생각이 강하게 작용하기 때문이다. 그래서 유명인이 그린 미술품에 대한 논란은 종종 인터넷 뉴스 기사를 장식한다. 여러 이야기들 속의 핵심은 "그만한 가치가 있는가?"에 대한 질문으로 정리된다. 이에 대한 미술계의 반응은 제각각이다. 내가 만나본 관계자들은 정말 다양한 의견을 갖고 있다. 미술을 정식으로 배운 사람도 아닌데 작가로 명성을 날리는 그들을 보면 상대적 박탈감이 느껴져 허탈하다는 의견과 그렇게라도 미술시장이 대중의 주목을 받는다면 나쁠 것이 없다는 의견이었다.

부정적이건, 긍정적이건 공통적인 이야기는 작품의 가치는 작가와 작품이 결정한다는 것이다. 미술에 대한 진지한 태도를 가졌고 실력을 갖췄다면 학력과 경력에 상관없이 누가 욕할 수 있겠느냐는 것이다. 만약 유명한 미술관에서 전시를 하고, 유명 에이전시에 전속작가로 소속됐다면 이미 그들은 작품에 대한 예술성과 대중성, 그리고 상품성을 인정받은 것이다. 어떠한 부분을 더 인정했건 그들이 선보이는 작품의 '가치'를 미술 관계자들이 인정했다고 볼 수 있다. 마치 아이돌 가수가 배우로 전향했다가 연기를 기가 막히게 잘해서 대중의 편견을 뒤엎듯이 말이다.

그러나 조심해야 할 부분이 있다. 인기라는 것이 올라가긴 어려워도 단숨에 내려오는 것은 쉽다. 유명 연예인이 직접 운영하던 식당이 한순간에 문을 닫는 경우를 생각해보자. 음식을 파는 식당의 본질은 변하지 않았음에도 연예인의 이미지가 나빠지면 결과적으로 식당이 폐업할 수 있다. 그림도 마찬가지다. 작가의 인기가 하락해도 그림이 주는 예술적 가치와 감동은 변질되지 않는다. 그럼에도 불구하고 작품을 구매했던 요인 중 일부였던 연예인의 인기가 사그라지면 그 하락세는 더 가파르다.

우리가 그림을 통해 얻는 것은 색감과 선이 주는 감동 외에도 그 이면에 숨겨진 작가의 노력과 앞으로의 비전이다. 유명작가들의 작품에 비해서 가격은 낮은데 인지도가 높다 보니 대중이 끌리는 것은 당연하다. 하지만 그림투자를 할 목적으로 무작정 연예인의 인기만 믿고 작품을 구매하는 것은 추천하지 않는다. 이는 작품을 선보이는 이들의 입장에서도 반갑지 않을 것이다. 자신이 작품 속에 담은 열정과 세계관을 이해해줄 컬렉터를 만나고 싶을 테니 말이다.

물론 나의 경험상 연예인의 그림을 사는 사람들은 팬의 마음으로 소장하려는 사람들이 더 많다. 내가 근무하는 갤러리에서도 연예인의 작품전시를 몇 번 진행했는데, '찐팬'이 무엇인지 알게 해줄 정도로 놀라운 컬렉터가 있었다. 그녀는 모 아이돌 그룹의 외국인 팬인데, 자신이 작품을 통해 느꼈던 즐거움과 감동을 더 많은 팬과 공유하기를 원한다고 갤러리에 작품을 기증했다. 이러한 경우는 작가에 대한 순수한 팬심이 적용된 사례다. 어쨌건 그 덕분에 작품은 다시 갤러리로 돌아와 더 많은 팬과 함께하고 있으며, 해당 연예인은 그다음 해에도 작품 전시를 이어나갔다. 이렇듯 유명인의 작품을 구매하고 바라보는 모습은 제각각이고, 판단은 소비자인 컬렉터의 몫이다.

돈 버는 풍수 그림은 반드시 오를까?

"해바라기 그림은 다시 팔 때 가격이 많이 오를까요?", "호랑이 그림은 풍수 그림으로 인기가 많나요?", "사려는 사람이 많으면 그림값은 오르지 않나요?"

어떤 그림은 작가의 의도만큼이나 설명하기가 난해한 반면, 어떤 그림은 내가 설명하기 전에 이미 작품에 대해 많은 지식을 가진 상태에서 문의를 주시기도 한다. 그림에 좋은 기운이 서려 있다는 '풍수 그림'이 그렇다. 해바라기, 호랑이와 같은 유명한 풍수 그림은 작가의 의도와 비전, 향후 가치 상승보다 '작품의 효과'를 먼저 언급한다. 손이 귀한 집이라며 포도나 석류 그림을 찾는다거나, 기왕 집에 걸어야 한다면 돈이라도 많이 벌게 해바라기 그림은 없는지, 호랑이 그림을 걸어두면 사업에 영향을 미칠지 등을 묻는 것이다.

풍수 그림의 인기는 SNS를 통해서도 알 수 있다. 사실 미술 관계자보다 무속인 분들이 더 많이 언급하는데, 유튜브에서 풍수 그림을 설명하는 게시물만 봐도 일반 그림 설명에 비해 조회 수가 높다. 따라서 그림투자의 측면에서 풍수 그림의 전망은 밝아 보인다. 그만큼 대중의 관심을 받고 있고, 여러 군데서 언급된다는 것은 시장에 나왔을 때 유동성이 있다는 뜻이다. 그렇다면 풍수 그림을 사두면 훗날 반드시 가치가 오를까?

확실한 건 찾는 이들이 있다. 즉, 동일한 조건일 경우 풍수 그림이 먼저 팔릴 확률이 높다. 집들이나 개업 선물 등 목적을 가지고 풍수 그림을 찾는 분들이 있기 때문에 잘 팔릴 가능성도 높은 것이다. 같은 그림이라면 좋은 기운을 가져다줄 그림을 선호하는 것이 당연하다. 마음에 드는 작품이 2개가 있는데 구매 비용이 제한되어 있다고 하자. "이 그림을 안방에 두었다가 고민을 해결한 분들이 많아요."라는 설명을 덧붙인다면 그 그림에 더 끌리지 않겠는가?

소재에 따라 가져다주는 행운도 달라진다고?

풍수 그림은 재미나게도 소재에 따라서 집 안에

정미애 <춤추는 해바라기>, oil on canvas, 2020

두면 돈을 부르기도 하고, 또 화를 입힐 수 있다고 말한다. 꿈에서 나온 복숭아나 지네가 태몽이 되어서 새 생명을 예견하듯, 풍수 그림의 뜻에 의미를 두고 작품을 설치하는 공간까지 구상하는 것이다. 예를 들어, 호랑이 그림은 악한 기운을 물리친다는 의미로 실제로 현관문에 많이 걸어둔다. 예로부터 왕실에서도 입구에 설치했다고 한다.

그러나 같은 풍수 그림이라고 해도 의미와 해석이 상반될 수 있다. 호랑이가 산신이기 때문에 가정에 걸어두기에는 무리가 있다고 이야기한다. 말 그림도 마찬가지다. 말 그림을 두면 금전운을 불러와 성공한다는 이야기가 있지만 다른 한편으로는 정반대의 해석을 하는 이도 있다. 혹자는 풍수 그림을 소장한 이의 사주와 집의 풍수를 함께 보고 판단해야 한다고 이야기한다. 같은 그림이라고 해도 사주와 공간에 따라 다른 영향을 미친다는 것이다. 믿고, 안 믿고는 우리의 자유다. 아래는 풍수 그림의 소재가 일반적으로 의미하는 것을 정리한 표다.

이외에도 석류와 포도는 자손을 상징한다. 잉어는 출세의 뜻도 있고 건강을 기원하는 의미도 있어 몸이 약한 사람의 방에 두면 좋다고도 이야기한다. 그림의 해석은 주로 한자 풀이나 그림 자체가 갖고 있는 이미지와 연결된다. 포도와 석류를 예로 들어보겠다. 석류는 과일

	재물	출세	장수
소재	해바라기, 모란, 사과, 잉어, 곰, 부엉이, 잠자리, 감, 모란, 모란과 목련, 노랗게 익은 벼	용, 잉어, 모란과 꽃, 수탉, 독수리, 매미, 잠자리, 흰 사슴, 향나무	향나무, 물고기

안에 가득 든 씨앗이 자손을 의미하고, 포도의 덩굴은 한자로 만대萬代라고 하는데 이것은 '자손 번창'을 뜻한다. 이렇게 풍수 그림은 디지털 시대에 과학적인 검증 없이 꾸준하게 사랑받고 있다. 따라서 풍수 그림을 두고 옳고 그름의 여부를 판단하기는 어렵다.

다만 풍수 그림이라고 해서 훗날 되팔 때 더 비싸게 팔리는 것은 아니다. 예를 들어 "중학교 3년 내내 전교 꼴찌를 하다가 이 그림을 집에 들인 후 수능을 만점 받아서 명문대학교에 들어갔다."는 기적의 스토리가 있다면 달라질 것이다. 물론 이에 해당하는 분이 갖고 있던 아이템은 뭔들 안 팔릴까 싶지만, 풍수 그림이라고 해서 판매가 더 잘 되는 것은 아니다. 풍수 그림도 가격 상승을 기대할 수 있지만 어디까지나 예술적 가치가 우선이다. 미술시장에 풍수 그림이 휘몰아치는 유행을 몰고 오지 않는 이상, 월등하게 높은 가격에 팔리는 것도 아님을 알아두어야 한다.

모든 작품에는 작가의 기운이 담겨 있다. 같은 색으로 다른 터치와 형상을 만들어내면서 새로운 작품이 창조되고 우리는 그것을 예술이라고 부른다. 풍수 그림도 좋지만, 작가가 어떤 마음으로 작업했을지 아는 것이 더 의미 있다. 작가가 작품에 담은 좋은 기운이 공간을 맴돌며 행운을 가져다줄 것이기 때문이다.

미술 세법, 이것만 알면 당신도 전문가

미술교육에 관심이 많은 U는 자녀와 매년 아트페어에 방문한다. 매년 한 작품씩 꾸준히 구매하는 이유도 아이가 미술과 함께 자라길 바라서다. 아이가 "이거 빨간색이야.", "이건 노란색."이라며 아는 색깔을 확인하거나 "이 그림 예뻐.", "이건 무서워." 등 감정 표현을 하기도 한다. U가 미술작품을 구매하는 이유는 한 가지 더 있다.

부담되지 않는 가격선에서 그림들을 구매하다 보면 언젠가는 값이 몇백, 몇천 배가 상승하는 대박 작품이 나올지 모른다고 생각해서다. 이들 중 한 작가만 유명해져도 성인이 된 아이에게 금전적으로 큰 도움이 될 것이기에 U에게는 나름의 재테크인 것이다. 그래서 그는 아트페어에 가는 것이 아이와의 추억을 쌓는 일이자 보석을 발굴하는 일이라고 생각한다. 현재까지 이렇다 할 작가는 없지만, 10년 후에는 반드시 작품의 가치가 상승할 것이라고 믿고 있다. 우리나라의 미술시장을 두고 긍정적이라고 평가하는 것은 자녀에게 미술의 가치를 알려주려는 부모들 덕분이라고 생각한다.

자녀의 미술교육만큼 부모들이 궁금해하는 것은 미술품 상속 관련해서다. 과연 미술품을 물려줄 때 상속세를 내야 할까? 답은 "Yes"다. 다만, 피상속자가 미술품 상속을 자진신고하지 않는 이상 과세 당국이 상속 여부를 인지하기란 매우 어려워서 흔히들 미술품을 상속세를 피하는 수단으로 생각한다. 국세기본법 제26조의 2에 따르면 50억 원을 초과하는 미술품 상속에 대해서는 국세부과 제척기간이 정해져 있지 않다. 국세부과 제척기간은 15년이나 미술품 상속은 제한이 없다. 단, 상속한 미술품이 50억 원이 넘는 것을 인지한 날로부터 1년 이내에 부과해야 한다. 50억 이하인 경우에는 해당되지 않는다.

미술시장을 재테크로 바라보는 흐름을 따라 자녀에게 그림 한 점을 선물하겠다는 부모들이 많아졌다. 그 작품이 나중에 집이나 부동산보다 더 높은 가격이 될 수 있다. 충분히 가능한 일이기에 미술품을 두고 자식에게 물려줄 수 있는 최고의 유산이라고도 한다.

미술품은 취득과 보유에 대한 세금이 없다

부동산을 검색하면 연관 검색어로 절세 방안이 나올 정도로 부동산 투자는 세금에 민감하다. 그만큼 세금 관련해서 유의해야 할 것들이 많은데, 취득 시 발생되는 취득세와 부가세, 보유 시 납부하는 재산세뿐만 아니라 종합부동산세, 소득세, 부가가치세, 양도소득세 등 관련된 내용을 빠삭하게 알고 있어야 한다. 달라지는 부동산 정책도 발 빠르게 파악해야 한다.

그렇다면 미술품은 어떨까? 미술품은 종합과세 대상에 해당하지 않는다. 취득과 보유에 대한 세금이 없어서 작품을 구매한 사람은 어떠한 세금도 지불하지 않는다. 미술품에서의 양도세란 작품을 판매한 사람이 지불하는 것이며, 매매차익이 아니라 실제로 판매한 가격에 대해 세금을 부과하는 것이다. 양도세는 '국내 생존 작가'이거나 '6,000만 원 미만의 작품' 중에 하나라도 속하면 비과세다. 즉, 양도소득세는 사망한 작가의 작품 중 6,000만 원 이상의 가치를 양도할 때 발생한다. 예를 들어 국내 생존 작가의 작품을 7,000만 원에 구입한 후 3년 후에 1억 5,000만 원에 판매했을 때 판매자가 내야 하는 세금은 얼마일까? 0원이다. 국내 생존 작가의 작품이기 때문이다(판매 경로에 따라 수수료는 발생할 수 있다).

사망한 작가의 작품을 양도하려는 경우 6,000만~1억 원까지 필요경비가 90% 적용된다. 소득세법 시행령 제87조에 따라 1억 원 초과분에 한해서는 80%까지 필요 경비를 적용할 수 있으며(보유 기간이 10년 이상인 경우에는 90%), 과세 대상 금액에서 지방세를 포함한 기타소득세율 22%를 적용하면 세금을 산출할 수 있다. 예를 들어 10년 동안 소장하고 있는 그림을 1억 원에 판매했을 때 판매자가 납세해야 할 양도소득세는 1억 원-(1억 원×90%)×22%(지방세 포함)=220만 원이다. 이해를 돕기 위해 부동산과 미술품의 세금을 비교해서 설명하면 아래와 같다(2012년 2월 기준).

	거래세		보유세	
	취득세	양도세	재산세	종합부동산세
부동산	○	○	○	○
미술품	×	조건별	×	×

이외에도 작품을 외국에서 구매할 때 관세가 발생하지 않는다. 단, 100년 이상 된 작품은 골동품, 예술품으로 분류해서 문화재감정관실의 감정을 거쳐야 한다. 자세한 내용이 궁금하다면 소득세법 시행령 제21조, 41조, 87조를 참조한다.

이와 같이 투자와 관련 있는 미술 세법을 알고 있으면 그림값 외에 세금이 부과되지 않도록 할 수 있다. 한때 미술품 규정이 강화될 것이라는 소문이 돌았다. 그러나 2020년 1월에 개정된 내용은 오히려 미술품 거래 활성화와 문화예술을 지원하기 위해 필요 경비율을 구매자들에게 유리하도록 조정했다. 이러한 이유로 미술품 재테크를 하면 세제 혜택을 받는다고 이야기하는 것이다.

사업자라면 더더욱 알아야 하는 미술품 세테크

연 매출 50억 원의 개인병원을 운영하는 분이 있다. 그의 병원 복도는 분기별로 미술품이 바뀐다. 평소에 그림에 관심이 많았던 그는 주변의 추천으로 미술품 렌털 서비스를 시작했다. 미술품이 환자와 직원들의 정서적 안정에도 도움이 되길 바랐고, '세테크'가 가능하다는 점에서 솔깃했다. 그는 미술품 렌털을 통해 세금이 줄어드는 것에 깜짝 놀랐다. 절세 방안은 사업자용 재테크와 같다. 그는 정기적으로 교체되는 미술품으로 인테리어 비용을 줄이고, 그 대신 직원에게 정서적인 복지를 제공한 셈이다. 주변의 병원장들에게도 적극 소개할 정도로 이보다 더 괜찮은 세테크는 없다고 생각한다.

사업자들이 타고 다니는 자동차를 예로 들어보자. 사업 용도로 차량을 마련할 때 자동차 리스를 알아보는 이들이 많다. 고객은 금융회사에서 자사 명의로 차량을 구매하고, 계약 기간이 끝나면 차량을 반납하거나 자차로 인수할 수 있다. 더해서 다른 차량으로 재리스 할 수 있는 장점이 있으며, 무엇보다 비용처리가 되기 때문에 선호도가 높다. 이렇듯 미술품 렌털과 자동차 리스를 연관하면 쉽게 이해된다. 미술품 렌털도 비용처리가 되며, 계약 기간이 끝나면 작품을 구매할 수 있다. 작품 구매가 법인 사업자에 한해 비용처리 된다면, 대여는 개인 사업자와 법인 사업자가 모두 가능하다.

다음은 개인 사업자와 법인 사업자가 미술품을 구매하거나 대여할 때 알아두어야 할 세금을 정리한 내용이다.

	작품 구매			작품 대여
	장식, 환경미화 목적	사업자 대표 소장	양도	
개인 사업자	해당사항 없음	감가상각 자산으로 인정되지 않음	양도차익에 대하여 사업소득세 과세 대상	전액 비용처리
법인 사업자	1점당 1,000만 원 이하에 한하여 손금 산입 가능*	감가상각 자산으로 인정되지 않음**	양도차익에 대하여 법인세 부과	전액 비용처리

사실 사업자들은 미술품 렌털을 많이 해왔다. 사옥 로비에 걸려 있는 작품들, 호텔방 곳곳에서 만날 수 있는 미술품들은 사업자가 취향에 맞게 구매하거나 렌털 한 경우가 많다. 회사 대표가 고가의 작품을 컬렉팅 해서 건물에 걸어두기도 하고, 몇백 점의 작품을 한 번에 구매하기 부담스럽거나 주기적으로 교체하고 싶은 이들은 렌털을 통해 공간을 구성한다. 환경 미화 목적의 미술품 렌털은 전액 비용처리가 되기 때문이다.

---

* 법인세법 시행령 제19조 17항에 따르면 장식·환경미화 등의 목적으로 사무실·복도 등 여러 사람이 볼 수 있는 공간에 항상 전시하는 미술품은 취득가액을 그 취득한 날이 속하는 사업연도의 손비로 계상한 경우에 거래단위별로 1,000만 원 이하로 한정한다.

** 법인세법 시행령 제24조에 따르면 감가상각 자산에는 사업에 사용하지 않는 자산(유휴설비 제외)이 포함되지 않는다.

유명작가의 작은 그림 vs 신진작가의 큰 그림

유명작가의 아주 작은 그림과 신진작가의 큰 그림이 비슷한 가격대라면 어떤 작품을 사야 할까? 재테크 측면에서 유명작가의 아주 작은 그림을 사는 것이 낫다. 주가가 폭락해도 사람들이 삼성전자의 주식을 사라고 말하는 이유와 같다. 물론 아트딜러의 입장에서는 신진작가의 큰 작품을 고민할 것 같다. 함께 시장을 만들어가는 주체로서 응원과 후원의 의미를 배제할 수 없기 때문이다.

옷가게 직원의 추천에 따라 사들고 나오는 옷이 다르듯, 딜러에 따라 컬렉팅 역시 달라진다. 반대로 누가 작품을 구매하느냐에 따라 딜러의 추천도 달라진다. 모던하고 세련된 느낌을 좋아하는 고객은 그에 맞는 작가와 작품으로 채워가며, 나이가 지긋하고 잔잔한 느낌을 좋아하는 고객은 눈이 편안한 작품들로 컬렉팅 한다. 그렇게 고객들의 리스트를 찬찬히 둘러보면, 이 사람이 어떤 취향을 가졌고 당시 어떤 마음으로 작품을 구매했는지 짐작된다. 신기하게도 작품을 보면 구매자가 어떤 사람인지 그려지는 것이다.

"유명해지려면 아트딜러가 필요하다." 앤디 워홀이 한 말이다. 아트딜러는 컬렉터와 작가를, 컬렉터와 작품을 연결해주는 역할을 한다. 아트딜러에 따라서 작품의 추천과 선택의 폭이 달라진다고 해도 과언이 아니다. 진정한 아트딜러라면 작품을 선정하고 계약을 맺은 이후에도 관심 있는 컬렉터에게 미술시장의 이슈를 안내하는 등 장기적으로 고객을 관리할 수 있어야 한다.

미술품을 소중한 유산으로 남기는 일

아트딜러는 갤러리(회사) 소속과 프리랜서로 나뉜다. 갤러리에 소속된 아트딜러는 회사를 통해 검증됐다는 인식이 있으며, 해당 갤러리와 제휴된 작가 위주로만 작품을 판매하는 대신에 그 작가들에 대해 누구보다 잘 알고 있다. 아트딜러의 급여는 갤러리에 따라 월급과 인센티브의 비율이 다른데, 인센티브는 이미 작품가에 포함되어 있는 경우가 많다. 이에 컬렉터가 작품을 구매할 때 아트딜러에게 별도로 지불해야 할 수수료는 없다. 최근에는 판매에 특화된 아트딜러만을 양성하는 업체들이 늘어나고 있는데, 이러한 흐름으로 아트딜러가 전문 직업으로 인식되는 추세다.

회사에 소속되지 않고 프리랜서로 일하는 아트딜러도 있다. 이들을 주로 아트컨설턴트라고도 부른다. 갤러리에 소속된 아트딜러와는 다르게 작품을 판매하는 범위가 매우 넓다. 미술품을 구매하는 것뿐만 아니라 판매할 때도 도움을 받을 수 있는데, 다양한 고객층을 확보한 실력 있는 아트딜러일수록 컬렉터 간의 연결이 용이하다. 다만 프리랜서 아트딜러에 대한 검증은 소비자가 직접 해야 하기 때문에 지인에게서 소개받는 경우가 많으며, 수익은 작품가에 수수료를 붙이거나 별도로 안내하는 경우도 있다.

아트딜러는 일반적으로 미술대학 또는 대학원을 졸업한 후 시작하는 경우가 많다. 최근 문화체육관광부가 승인하고 한국직업능력개발원에 등록된 아트딜러 전문자격증도 생겼다. 자격증을 취득하기 위해서는 미술사, 미술 세법, 작품과 고객을 대하는 자세 등을 공부해야 하며, 이를 통해 미술 전공자뿐만 아니라 여러 직종의 사람들이 미술시장에 진입하기 위해 관련 자격증을 취득하고 있다. 그래서 전공자 외에도 판매에 특화된 이들이 미술계로 진입하기 시작했다.

소비자가 원하는 아트딜러는 어떤 모습일까? 전문적인 지식을 보유하고, 뛰어난 감각으로 작가를 발굴하며, 소비자가 판매를 원할 때 신뢰할 만한 컬렉터를 소개해줄 수 있는 사람일 것이다. 여기에 정직하고 시장을 보는 눈이 있다면 더할 나위 없다. 아트딜러는 예술가의 작품을 소개하고 판매하는 것을 넘어서 그들의 작품으로 고객과 소통하는 일을 한다. 때로는 고객을 대신해 작가에게 '왜'라는 질문을 던질 수 있어야 하고, 동시에 예술가들의 세계를 깊이 공감할 수 있어야 한다. 컬렉터가 어떤 목적으로 작품을 구매했건, 그들이 판매한 것은 예술품이기 때문이다. 어떤 마음으로 작가가 창작했는지, 이 작품이 불러올 에너지는 무엇인지 컬렉터들이 사랑을 쏟을 수 있도록 잘 전달해야 한다.

많은 분이 내게 아트딜러로서 겪었던 실패담을 묻곤 한다. 보통은 시세가보다 그림을 비싸게 사거나, 재판매하려고 보니 팔리지 않는(혹은 제값도 못 받는) 경우를 예상한다. 내가 생각하는 나의 실패 사례는 작가의 비전을 제대로 예측하지 못했을 때다. 작가의 비전과 작품에 반해서 고객에게 연결했는데, 이후 그의 그림들이 기대한 만큼 비전을 보이지 못하는 경우다. 작품은 작가의 작업 방식에 따라 더 좋을 수도 있고, 잠시 길을 잃을 수도 있다. 그런데 작품 자체가 변질되었다고 느낄 때의 씁쓸함은 참 오래 남는다. 고객에게 설레는 마음으로 설명했던 게 부끄러워지고 죄송해지는 것이다. 그래서 아트딜러란 늘 미술을 가까이에 두는 행복한 직업이면서 언제나 긴장의 끈을 놓지 않고 작가와 작품을 바라봐야 한다.

시대가 변함에 따라 희망 직업군도 변하고 있다. 요즘 아이들에게

장래희망을 물어보면 유튜버가 1순위라고 하니, 다음 세대에서는 또 어떤 직업을 얘기할지 알 수 없다. 그래서 아트딜러는 책임감과 다음 세대를 위한 사명감을 느껴야 한다. 만약 미술시장이 활성화되어서 누구나 자유롭게 그림을 사고팔 수 있다면, 미래의 아이들은 꿈이 아트딜러라고 답하지 않을까?

나는 아트딜러가 제4차 산업혁명 시대에서 꼭 필요한 직업이라고 생각한다. 시대를 읽어내는 안목을 갖춘 직업이기 때문이다. 빈센트 반 고흐는 사진이 대체할 수 없는 내면세계를 예술로 풀어서 미술사에 획을 그었고, 앤디 워홀은 사회의 모습을 작품에 담아서 현실을 날카롭게 꼬집었다. 그리고 그들의 뒤에는 작가들을 위해 열심히 노력했던 아트딜러가 있었다. 미술품을 한 나라의 소중한 유산으로 남기는 일에는 아트딜러가 꼭 필요한 이유다.

그림투자 아이디어를 더 얻고 싶다면

강의를 나가면 미술과 그림투자와 관련된 책을 추천해달라는 요청을 많이 받는다. 갤러리는 왜 이런 작품을 전시하는지, 부자들은 미술품으로 어떻게 재테크 하는지, 미술시장은 어떻게 흘러가고 있는지, 그림투자에 관한 더 많은 정보를 어디에서 얻을 수 있는지 공부하고 싶은 분들이 많아졌다. 소개하는 책들을 통해 그림투자에 관한 아이디어를 얻기를 바란다.

*** 동시대 미술을 이해하고 싶다면**

그레이슨 페리 《미술관에 가면 머리가 하얘지는 사람들을 위한 동시대 미술안내서》, 원더박스, 2019.04

영국 최고 권위의 현대미술상인 터너상을 수상한 예술가 그레이슨 페리가 바라본 동시대 미술의 이야기다. 미술관에 걸린 작품들이 이해가 안 되거나 미술시장에 생기는 의문들을 해결하고 싶다면 이 책을 읽어보자.

*** 미술시장의 흐름을 이해하고 싶다면**

도널드 톰슨 《은밀한 갤러리》, 리더스북, 2010.12

미술품 가격, 경매회사, 아트딜러와 그림작가의 관계 등을 풀어내서 미술시장의 흐름을 이해하도록 도와준다. 부자들이 미술품으로 어떻게 부를 이어가는지, 유명 갤러리는 어떻게 마케팅 하는지 미술시장의 흐름을 파악하는 데 도움이 된다.

이일수 《즐겁게 미친 큐레이터》, 애플북스, 2017.07

갤러리 대표가 큐레이터의 모든 것을 알려준다. 큐레이터가 한국 현대 미술시장을 바라보는 시선이 솔직하게 담겨 있다. 미술시장에서 치열하게 일하는 이들의 모습이 궁금하다면 이 책을 읽어보자. 후속편으로 2020년에 《큐레이터는 무엇이 필요한가》가 출간됐다.

*** 그 외 아트컬렉팅 및 그림투자 추천도서**

김정환 《샐러리맨 아트 컬렉터》, 이레미디어, 2018.11

손영옥 《아무래도 그림을 사야겠습니다》, 자음과모음, 2018.03

윤보형 《나는 샤넬백 대신 그림을 산다》, 중앙북스, 2020.03

부록 1

현직 아트딜러가 주목하는 라이징작가 7인선

'미술에 대해 많이 아는 사람'보다 더 무서운 사람이 '그림을 많이 본 사람'이라는 말이 있다. 여기서는 지금 주목해야 할 경력 15년 미만의 작가 7인을 소개한다. 작가가 전하는 작품 설명, 아트딜러가 해설하는 감상 포인트, 제작기간과 작품가격 등을 소개한다. 아트딜러와 함께 갤러리를 돌아보며 작품을 감상하는 컬렉터가 되어보자. 모든 작품은 단 한 점뿐이고 대부분 미판매된 작품이므로 관심이 있다면 작가에게 직접 문의해보자(작품 판매 현황과 가격은 2021년 2월 기준이다).

지친 존재들을 위로하는 작가, 감성빈

인스타그램 seongbin.gam

감성빈 〈낙타〉, 90x42cm, oil on canvas, 나무에 조각, 돌맹이, 2020

혹을 짊어지고 사막을 걸어가는 낙타의 모습이 꼭 숨기고 싶었던 상처를 이고 살아가는 사람들의 모습을 닮아 그리게 된 작품이다.

"감성빈의 작품 앞에서 만나는 것은 어떻게 해볼 수 없는 무력감과 허탈함이다. 그리고 참을 수 없는 애틋함이다. 그 애틋함은 연민이기도 하고 갈등이기도 하고 건널 수 없는 존재의 한계이기도 하다. 그는 갈등과 갈증을 하나의 물음으로 던져준다. 그 물음은 인체의 왜곡이 주는 서사적인 내용이 아니라 도리어 그 심연에 있는 존재론적 질문이다. 자칫 왜곡된 인체 비례가 현실적인 비판으로 보이지만 그 비판의 근저에서 느껴지는 것은 현실적 다급성이 아니다. 인간이라는 존재를 다시 묻게 한다."

- 강선학(미술평론가)

아트딜러의 설명: 20대 중반에 미술에 입문한 감성빈 작가는 삶의 전환기를 여러 차례 겪으며 자신의 예술세계를 구축해나갔다. 그의 작품에서 느껴지는 진지함은 삶에 대한 성실함과 꾸준함을 대변하고 있다. 오늘에 몰입해서 최선을 다하려는 그의 의지가 작품 속에서 고스란히 드러난다.

아트페어에서 처음 그의 작품을 마주했을 때 강한 충격을 느꼈다. 화려하고 강렬한 색을 쓰지 않았음에도 묵직한 힘이 느껴져 그의 행보를 눈여겨보게 됐다. 그는 액자까지 하나의 예술작품으로 제작한다. 재료와 방식을 다양하게 사용하기 때문에 한 작품을 제작하는 데 시간이 다소 걸리는 편이다. 10호가 안 되는 작품을 제작하는데도 10~15일가량 소요된다. 작품의 크기는 아주 작은 소품 작품부터 100호 이상의 대형 작품까지 다양하다. 입체 작품도 50~70cm 크기부터 인체와 비슷한 크기의 작품까지 제작하고 있다. 작품의 평균가는 100~2,000만 원이다.

감성빈 작가는 공공성을 지닌 공간에 작품을 설치하는 것을 자신의 목표라고 밝혔다. 추상표현주의 선구자인 마크 로스코가 그림에만 오롯이 집중할 수 있는 공간인 템플을 원했던 것처럼 지친 사람들에게 명상과 위안을 줄 수 있는 '감성빈 작가만의 작품만으로 채워진 공간'을 세우고자 한다.

감성빈 〈좌절〉, 78x78cm, oil on canvas, 레진액자에 유채, 2019

벌거벗은 몸으로 외롭게 그려진 사람은 나의 자화상인 동시에 관계의 결핍에 지쳐 있는 이 시대 누구나의 모습이다. 액자 형태로 둘러싸고 있는 슬픔의 군상들은 슬픔을 증폭시키는 것이 아니라 애틋한 위로로 비친다. 슬픔은 슬픔을 온전히 느껴본 사람만이 이해하기에 좌절해 있는 형상의 주위로 연약함을 가진 사람들을 배치해보았다.

감 성 빈

작가

약력

개인전

2020 괭이바다, 인사이드갤러리, 창원
Mother, 요갤러리, 서울
2019 낙타, 에이벙커, 서울
심연에서 우리 서로, 아트소향, 부산
2018 A Longing Black, 갤러리이유, 서울
2017 Sadness of Other 1, PNU갤러리, 부산
Sadness of Other 2, 스페이스1326, 창원
이 슬픔에서 돌아 나와 저 슬픔으로 넘어간다, 그림갤러리, 창원
2015 다른 사람-감성빈 전, 그림갤러리, 창원
슬픔을 간직한 사람들, 스페이스1326, 창원

단체전

2020·2019 Full of Stars, 요갤러리, 서울
2020·2018 Under200, 아트소향, 부산
2020 아트펜데믹, 가나아뜰리에, 장흥
종이에 그리다, 요갤러리, 서울
불완전한 아름다움, 소다미술관, 화성
Human Art Festival 2020, 정문규미술관, 안산
외롭고 쓸쓸하고 그립고 생각나고, 남원시립미술관, 남원
바라보다, 맥화랑, 서울
2019·2018 The Great Beginning, 에코락갤러리, 서울
2019 Link, 이상용, 감성빈 2인전, 스튜디오키키, 파주
므두셀라, 금정문화회관, 부산
2018 어른의 동화, 감성빈, 강준석 2인전, 아트소향, 부산
The Great People, 에코락갤러리, 서울
N아티스트, 경남도립미술관, 창원
작은 기도, 명동성당 1898광장, 서울
Life the World, ART-M, 광명
케이옥션x월드비전 자선경매, 케이옥션, 서울
2017 선물, KNB경남은행갤러리, 창원
오픈스튜디오, 미술세계갤러리, 서울
한국큐레이터협회 10주년 기념전, 인디프레스갤러리, 서울
거제바다미술제-예술, 거제의 희망을 그리다 전, 거제문화예술회관, 거제
월드비전 자선전, 딜라이트갤러리, 서울
2016 사인사색, 문신미술관, 창원

난세의 영웅전, 스페이스1326, 창원
50x50전, 창동갤러리, 창원
낯선 곳에서 나를 만나다, 한충석, 감성빈, 배남주 3인전, 맥화랑, 부산
나에게 오는 풍경, 부산창작예술공간, 부산
내 젊은 날의 초상, PNU갤러리, 부산
젊음의 시선, 부산예술회관, 부산
창원미술청년작가회정기전, 성산아트홀, 창원
한국의 조각가, 석당미술관, 부산
New Face New Space, 김해 문화의전당 윤슬미술관, 김해
경남현대조각가협회전, 성산아트홀, 창원

2015·2014 한국조각아카이브, 코사스페이스, 서울

2015 낙동강다원예술제, 대산미술관, 창원
현대조각 오늘과 내일 펼쳐보기, 부산시청전시실, 한송예술촌, 부산
Upcoming 경남은행청년작가지원전, KNB갤러리, 창원
부산대학교동문전, 부산시청, 부산
선물전, 코사스페이스, 서울
요셉의원을 도와라 part5, 단주, 서울
경남청년작가전, 성산아트홀, 창원
한중청년작가 교류전, 아트창고, 제주
한중청년작가 11인전, 문화예술회관, 제주
신진작가지원전, 3.15아트센터, 창원

2014 YKA#1-Young Kyungnam Artists, 그림갤러리, 창원
아시아미술제, 성산아트홀, 창원
청년작가쇼룸, 카페바멘도스, 창원
맥가이버전, 이연주갤러리, 부산
가는 곳마다 네 번째, 삼프로연구소, 창원

2013 남부현대미술제, 문화예술회관, 대구
경남조각가협회전, 성산아트홀, 창원
조각의향연, 금정문화예술회관, 부산
대한민국아트페스티벌, 비엔날레전시관, 광주

2011 중앙미술학원-중국미술학원 교류전, 중국미술학원, 중국
사공작실전, 통도화랑, 중국

2010 고향인상전, 통도화랑, 중국
인체전, 통도화랑, 중국

2009 꿰매다 전, 미술학원대전람실, 중국

아트페어

어포더블, 싱가포르, 함부르크
대구아트페어, 엑스코, 대구
화랑미술제, 코엑스, 서울
부산국제화랑아트페어, 벡스코, 부산
서울오픈아트페어, 코엑스, 서울
아트부산, 벡스코, 부산
경남국제아트페어, 창원컨벤션센터, 창원
아시아 컨템퍼러리 아트쇼, 홍콩
아시아프특별전, 문화역서울284, 서울
노보텔앰베서더 호텔아트페어, 노보텔앰베서더, 수원
광주국제아트페어, 김대중컨벤션센터, 광주
상하이아트페어, 중국
아시아호텔아트페어, 그랜드인터내셔널 서울 파타스
한국국제아트페어, 코엑스, 서울

수상

2015 경남 차세대 유망 예술인 지원 선정
2012 중국 전국 대학생 조각대회 우수작품상

생명의 의지를 끌어내는 작가, 이준원

인스타그램 jwlee_art

이준원 〈내면의 춤 Inner Dance **20-10〉**, 116.8×80.3cm, Acrylic and paint on canvas, 2020
공유된 믿음, 불의 발견, 종species, 심해, 공감, 몸짓에 가까운 춤, 대형 포유류 등의 키워드를 떠올리며 작업했다. 오토마티즘(자동기술법) 기법에 따라 직관적인 붓질로 완성했으며, 주로 사용된 푸른색은 종으로서의 생명을 상징한다.

“이준원의 회화 작업은 인체의 도식을 평면 위에
재구성하여 우리 존재의 유한함을 고찰하는 과정이다.”

- KMCA K현대미술관

“자동기술법, 마음이 시키는 대로 탄생한 독특하면서도
마음을 잡아 끄는 유기적 생명체들.
선과 색이 모여 춤을 추듯 이어지는 이미지의 확장.”

- 안현정(미술평론가)

작가의 작업노트: 나의 작업은 대체로 삶에 대한 열망과 유한함에 대한 극복의 의지를 담고 있다. 그리고 정신적 에너지Spiritual Force를 온전히 작품에 담고자 한다. 그 힘은 나를 지켜주고 삶의 유한성을 이겨내는 토템과도 같다. 작품에서 느껴지는 에너지와 힘이 보는 이의 마음속에서 춤을 추며 각자의 메시지와 담론, 삶을 대하는 태도, 유한함에 대한 극복의 의지 등으로 다양하게 치환되길 바란다.

아트딜러의 설명: 이준원 작가에 대한 첫인상은 ‘자기 자신을 믿고 이를 작품으로 증명하는 작가’였다. 이러한 생각을 증명하듯 그는 작가라는 직업을 “자신의 개성과 감각, 메시지, 비언어적 철학, 삶의 태도 등을 작품을 통해 우직하게 밀고 나가는 직업”이라고 표현한다. 변할 수 없는 것들을 자신의 작품에 진실되게 담아 다양한 이에게 선보이는 대

리자의 역할을 수행하는 것이다.

작가는 독일 신표현주의와 뉴욕파 추상표현주의 등의 영향을 받았고, 제2차 세계대전에 쓰인 폭격기에 그림을 그려 넣는 노즈아트nose art, 고대 바바리안들이 전투에 나갈 때 몸에 바르는 워페인트war paint 등 죽음과 직면하는 것이 곧 업인 사람들이 남긴 얼룩들에서 강한 영감을 받곤 했다. 반추상적 형상을 구축하며 작가의 에너지와 무의식이 타자화된 일종의 토템들을 만들어내는 것이다. 이 토템들은 작가 자신과 그림을 보는 이에게 대항하는 에너지를 주면서도 결국은 섭리의 흐름에 휩쓸리는 인간적인 가련함과 처연미凄然美를 내포한다. 작가에게 생은 존재하는 자들의 전장이고, 죽음은 진리와 불확실성이 뒤섞인 극복의 대상이다.

작업은 즉흥적인 방식으로 제작한다. 캔버스를 바닥에 펼쳐놓고 그 주위를 천천히 돌며 의식을 치르듯 한 획, 한 면씩 추가하며 진행된다. 그러다가 캔버스를 한 판씩 추가하며 그림이 확장된다. 때론 그림과 그림 사이에 새로운 그림이 삽입되기도 한다. 대체로 한 판에 하나의 존재가 포함되며, 반추상적 얼룩들 사이로 존재들이 올라오지 않으면 그 작품은 파기한다. 작가는 이것을 일종의 소환summoning이라고 말한다. 형상을 부여받고 그것을 재료로 작품을 완성한다는 기분으로 작업을 진행한다.

이렇듯 비정형적이고 즉흥적인 작업이라 제작기간은 정형화되어 있지 않으며, 주로 제작하는 사이즈는 30, 50, 100호의 중형 사이즈다. 10호 이하의 소품들도 즐겨 제작하는데, 뮤지엄 전시 등을 감안하여 2021년부터 소품보다 중대형 사이즈 위주로 작업하고자 한다. 작품의 평균가는 30호 기준 200만 원 중후반, 50호 기준 300만 원 중후반, 100호는 600만 원대로 형성되어 있다.

작가의 목표는 세계무대에서 통하는 작가가 되는 것이다. 그런 의미에서 글로벌 미술애호가들과 쉽게 소통할 수 있는 온라인 채널들도 적극 활용하는데, 특히 그의 인스타그램은 해외 유저들의 반응이 뜨겁다. 작가는 독일 제과업체, 뉴욕의 디자이너 가구, 파리 부티크 호텔 등에서 아트 콜라보레이션 제의를 받고 프로젝트를 진행한 이력을 갖고 있다. 그리고 뉴욕, 파리, 밀라노, 스페인 등 다양한 개인 컬렉터들에게 작품이 소장되고 있으며, 포르투갈 전 경제 부통령이 그의 작품을 선택해 화제되기도 했다. 작가는 작업 활동을 평생 이어 나가는 것을 두 번째 목표로 한다. 다사다난한 경험을 해온 그는 작업할 수 있다는 것에 큰 행복을 느끼며, 자신의 작품을 소장한 컬렉터들에게 책임을 느낀다고 한다.

이준원 〈판크라치온 Pancration **No.2〉**, 116.8X80.3cm, Acrylic and paint on canvas, 2020
판크라치온은 고대 그리스의 격투경기를 의미한다. 장막을 벗겨내면 세상에는 강경하고 자명한 법칙들의 거대한 발목이 보이는데, 그런 섭리들과 싸워나가는 생명의 의지를 표현했다. 원시주의적인 컬러와 즉흥적 붓질을 사용했다.

이 준 원

작가

약력

개인전

2020 강경한 법칙들, CICA미술관, 김포
내면의 춤, 송미영갤러리, 서울
거인의 발목들, 비움갤러리, 서울
2019 Totem Monsters, 갤러리사라, 서울
현대백화점 이준원 특별전, 현대백화점, 일산
2018 Totem Modern 전, 빌라데자, 프랑스
2017 Small Things, JY아트갤러리, 서울

단체전

2020 Blooming 전, K&P Gallery, 미국
케이옥션 프리미엄 프리뷰 전시, 케이옥션 전시장, 서울
2019 올미 씨의 행복여행전4, 올미아트스페이스, 서울
로고스 말하다 전, Western Gallery, 미국
아시아프 2019 히든아티스트 전, 서울
앙데팡당 2019 코리아, 피카디리국제미술관, 서울
프런티어 프로젝트 2019 전, 갤러리미술세계, 서울
꿈과 마주치다 초대전, 갤러리일호, 서울
2018 부재L'absence 4인전, Villa des Arts, 프랑스
앙데팡당 전, 그랑팔레 국영미술관, 프랑스
2017 Geeky Land, K현대미술관, 서울

*최근 4개년 위주로 중요한 전시만 정리했다.

아트페어

아트 가오슝 2019, 대만
싱가포르 어포더블 아트페어, 싱가포르
아시아 컨템퍼러리 아트쇼, 홍콩
카루젤 드 루브르, 프랑스
제주국제아트페어, 제주
부산국제아트페어, 부산

수상

2020 제57회 목우미술대전 입선
앙데팡당 코리아 미술대전 특별상
2019 아시아프 히든아티스트 선정
CICA미술관 영 코리안 아티스트
미주한인정치연합 미국 뉴저지주 하원의원상 최우수상
앙데팡당 코리아 미술대전 특선

작품 소장

미국, 프랑스, 홍콩, 독일, 스페인, 오스트레일리아, 포르투갈, 대구 시청, 배우 김수로, 전 포르투갈 경제 부통령 누노 엥카르나상 외 개인 소장 다수

삶의 여정을 예술로 만드는 작가, 명윤아

인스타그램 myungkey_art

명윤아 〈보랏빛 꿈 Purple Dream**〉**, 72.7×91.0×2.0cm, Mixed Media, 2020

자유로이 넘실거리며 어디론가 흘러가는 땅과 물과 산과 구름과 태양을 보았다. 과거와 미래, 진짜와 가짜, 익숙함과 낯설음, 보이는 것과 보이지 않는 것들이 혼재하는 무한한 이 세상을, 이 우주를 보았다. 무수히 변화되는 풍경 속에서 깨어나지 않는 꿈을 꾸었다.

"그의 작품을 보면 마치 내가 이상한 나라의 앨리스가 된 듯한 느낌을 받는다. 어디선가 회중시계를 든 토끼가 나타나 나를 이상한 세계로 인도한다. 그곳에서 환상적인 경험을 하게 된다. 사물과 자연을 연상시키는 비유과 상징, 비틀림으로 내가 이상하고도 즐거운 상상의 나라로 빠져드는 느낌이 든다. 그곳에는 형태는 물론이거니와 서로 상반되는 개념들이 뒤섞여 있다. (중략) 마치 독자가 적당한 때에 웃을 수 있는 순진함만 있다면 시대와 장소를 넘어서 누구나 즐길 수 있는 앨리스 시리즈처럼 명윤아의 작품 시리즈도 시공간을 넘어 관람자를 실재와 허상, 현실과 꿈, 이성과 감성, 익숙함과 낯설음의 소용돌이에 빠져들게 한다."

- 정주연(나우리아트갤러리 부관장)

작가의 작업노트: 오늘날 차고 넘치는 문화예술의 범람 속에서 새로운 미술이 과연 존재할까? 조각 전공자로서 현대미술이라는 난해한 개념 아래 새로운 조각(미술)을 향한 고민들로부터 나의 작업은 시작되었다. 오늘날 새로운 미술은 없는 것 같다. 하지만 색다른 미술은 가능하다. 색다른 미술을 향한 탐구들로부터 스스로 도출한 방법은 혼합Mixing이었다. 클래식과 현대식, 구상과 추상, 조각과 회화의 혼합을 시도한 미술을 통해 현실과 꿈, 이성과 감성, 익숙함과 낯설음 등 상대적 관계들이 혼재(공존)하는 미술을 보여주고, 그 속에 존재하는 무한한 열림을 드러내려 한다.

아트딜러의 설명: 시각 예술가이자 조각가인 명윤아 작가는 조각과 회화, 구상과 추상, 전통과 현대 등의 경계를 넘나드는 미술을 통해 넓은 스펙트럼을 여과 없이 보여준다. 작가의 작품은 전통적인 기법과 형식에 얽매이지 않는다. 과거와 현대를 넘나드는 작가의 작품은 남녀노소 구분 없이 저마다의 추억을 회상하게 한다. 누군가에게는 소중한 이와 함께 보낸 과거의 추억이, 누군가에게는 꿈같은 미래를 보여주는 것이다. 이를 증명하듯 작가는 "지난 10여 년이 작가의 무한한 예술관(세계관)을 정립해나가는 일련의 과정들이었다."고 밝혔다. 어쩐지 작가의 작품 앞에는 매번 다양한 사람들이 모였고, 그들은 작품을 두고 각자의 이야기를 펼쳤다.

작가는 "혼돈과 질서의 경계에서 꿈과 현실을 넘나들며 불확실하게 살아가는 우리들의 삶(세상), 그 여정(과정)이 곧 예술이었다."고 이야기한다. 그리고 너무나 다행스럽게도, 우리는 작가의 작품을 여러 전시와 아트페어에서 종종 만날 수 있다. 작품의 평균 금액선은 호당 10만 원이다.

명윤아 〈**流**(류, Flowing)〉, 135×97×7.5cm, Mixed Media, 2021

나의 작업에서 혼합 또는 생성 중인 유기적 형태들은 경계를 허물거나 넘나들게 하는 매개체 역할을 한다. 특히 상대적인 색(관계)들의 혼합으로 이뤄지는 혼성과 융화는 '소통 과정'으로서 우주와 세상, 이상과 현실을 이어주며 새로운 변화와 희망을 만들어간다.

작업의 목적은 단지 시각적인 의미 전달에만 있지 않고 세상과 삶의 본질을 인식할 수 있도록 유도하는 데 있다.

명 윤 아

작가

약력

개인전 및 초대전

2020 경계의 혼합-혼재된 풍경 초대전, 나우리아트갤러리, 서울
코로나19 긴급대응 예술지원 공모선정, 화성시문화재단, 화성

2017 Sweet Things 초대전, 정월행궁나라갤러리, 수원
Sweet Thinking 공모선정, 사이아트스페이스, 서울

2014 명윤아 초대전, 아트리에갤러리, 안양
A Sweet Dream 공모선정, 대안공간눈, 수원
Illusion Fantasy 초대전, 코사스페이스, 서울
아트페스티벌 부스 개인전 공모선정, 예술의전당 한가람미술관, 서울

2013 우물주물-우물쭈물 하지 말고 주물주물 거려 봐! 공모선정, 팔레드서울갤러리, 서울

2012 Becoming 개인전, 인사아트센터, 서울

단체전

2020 Mediazen Gift 초대전, 미디어젠R&D센터, 서울
감정쿠킹 3인 초대전, 수원시립미술관 생태미술체험관, 수원
영아티스트 5인 초대전, 갤러리두, 서울

2019 특별한 초대전, 정수아트센터, 서울
신진작가전 공모선정, 아트스페이스H, 서울
한국미술리더 초대전, 피카디리국제미술관, 서울
Palace-성신조각전, 미술세계갤러리, 서울
명윤아, 박준수 2인 초대전, 미보고갤러리, 서울
아름다운 선물 초대전, 유나이티드갤러리, 서울

2018 미려인생: 달콤한 인생 3인 초대전, 중랑구청, 서울
명사십리 4인 초대전, 인사동마루갤러리, 서울
小小한 아름다움 초대전, 에이치컨템퍼러리갤러리, 판교
Day★Dream-MYUNG YOON A×YOLO by zinammi 아트&패션 콜라보레이션 초대전, 현대백화점무역센터점 아트스페이스, 서울
Madonna 성신조각전, 성신여대수정관, 서울
이상한 나라의 괴짜들: Geek Zone 초대전, K현대미술관, 서울
ON전 공모선정, 인사아트프라자갤러리, 서울

*최근 3개년 위주로 중요한 전시만 정리했다.

아트페어

2020~2018 예술하라-작가미술장터 초대전, 팔레드서울갤러리, 서울/ 충주문화회관, 충주

2020 부산국제화랑아트페어, 벡스코, 부산

조형아트서울 초대전, 코엑스홀, 서울

2019·2018 브리즈아트페어 공모선정, 서울

2019 아트스토어 인 전주 작가미술장터 초대전, 돈키호테, 전주

경남국제아트페어 초대전, 창원컨벤션센터, 창원

동네아트페스티벌 초대전, ADM갤러리, 서울

2018 서울아트쇼 초대전, 코엑스홀, 서울

홈테이블 데코페어 초대전, 코엑스홀, 서울

아트:광주:18 초대전, 김대중컨벤션센터, 광주

아트마이닝 서울 초대전, 동대문ddp, 서울

아시아호텔아트페어 초대전, 인터컨티넨탈파라나스, 서울

2011 아시아프 아시아 대학생&청년작가 미술축제, 홍대, 서울 아트페어

수상

2017 성신조각회 올해의 작가상

바이오아트콘테스트 입상

2016 한국구상조각대전 우수상

레지던스

2016 휘목미술관 5기 입주 작가

작품 소장

미디어젠, 대구적십자, (주)미라클어스, AssemB01, 씨제이인스트루먼트, Spell, 드림필라테스, 리서울갤러리, 아트리에갤러리, 대안공간눈, 메이산부인과, 모모디자인, BROWN TCG, 개인 소장 외 다수

논문

2015 과정process을 주제로 한 조각 연구

인간을 성찰의 세계로 인도하는 작가, 손정기

www.monoboat.com

손정기 〈밤의 경계에서〉, 80x100cm, Acrylic on canvas, 2020

밤은 내면 혹은 미지의 영역에 대한 상징적 의미를 갖는다. 그 두려움의 경계로 나아가는 것은 미지의 영역에 대한 설렘도 있을 테지만 불확실성에 대한 도전이요, 상처받을 것에 대한 각오다. 눈에 보이는 현상이 세상의 전부인 줄 알고 살아왔던 우리에게 무지의 콩깍지를 벗겨내고, 있는 그대로의 모습을 볼 수 있는 새로운 눈을 준다.

작가의 작업노트: 내 작업들에 몇 가지 키워드를 정해보자면 침묵, 고독, 사색, 경계, 고요함이다. 이유는 끝이 보이지 않는 바다 위에 목적 없이 떠 있는 한 척의 배와 같은 우리의 삶이 고되고 공허하게 느껴지지만 그럼에도 불구하고 지금 이 순간을 어떻게 받아들이고, 어떻게 살아가야 하는가에 대해 고찰하는 것이 공허함 속에서 찾을 수 있는 인생의 아름다움이며 가치라고 생각한다. 하지만 그 고찰은 내면의 성찰을 통해서 이루어지는 것이고 내면의 성찰은 자발적인 침묵과 고독의 시간을 통해서 발현된다고 생각한다.

현대사회의 사람들은 먹고사는 것에 지쳐 모두가 자기 마음 안에 고독을 갖고 있음에도 스스로 인지하지 못하고 자발적인 침묵과 고독의 시간을 누리지 못하고 있다. 나의 작업들은 개개인의 마음속에 자리 잡은 고독의 감정을 자극함으로써 사람들이 자기 자신의 내면을 들여다보고 그 여정을 통해 진정한 고요함을 느끼게 하고자 한다. 더 나아가 삶을 어떻게 살아가야 하는가에 대해 진지하게 고찰하고 삶을 철학적으로 받아들여 일상생활에서 사색이 끊이지 않도록 하는 것이다. 나의 작품을 감상해주는 이들과 함께 이러한 경험을 누리는 것이 내 작업의 본질이자 앞으로의 작품 활동에 대한 목표다.

아트딜러의 설명: 작가는 자신의 작품에 대해 "정답을 이야기하는 그림이 아니다."라고 이야기한다. 삶을 홀로 걸어가는 모습을 보여줌으

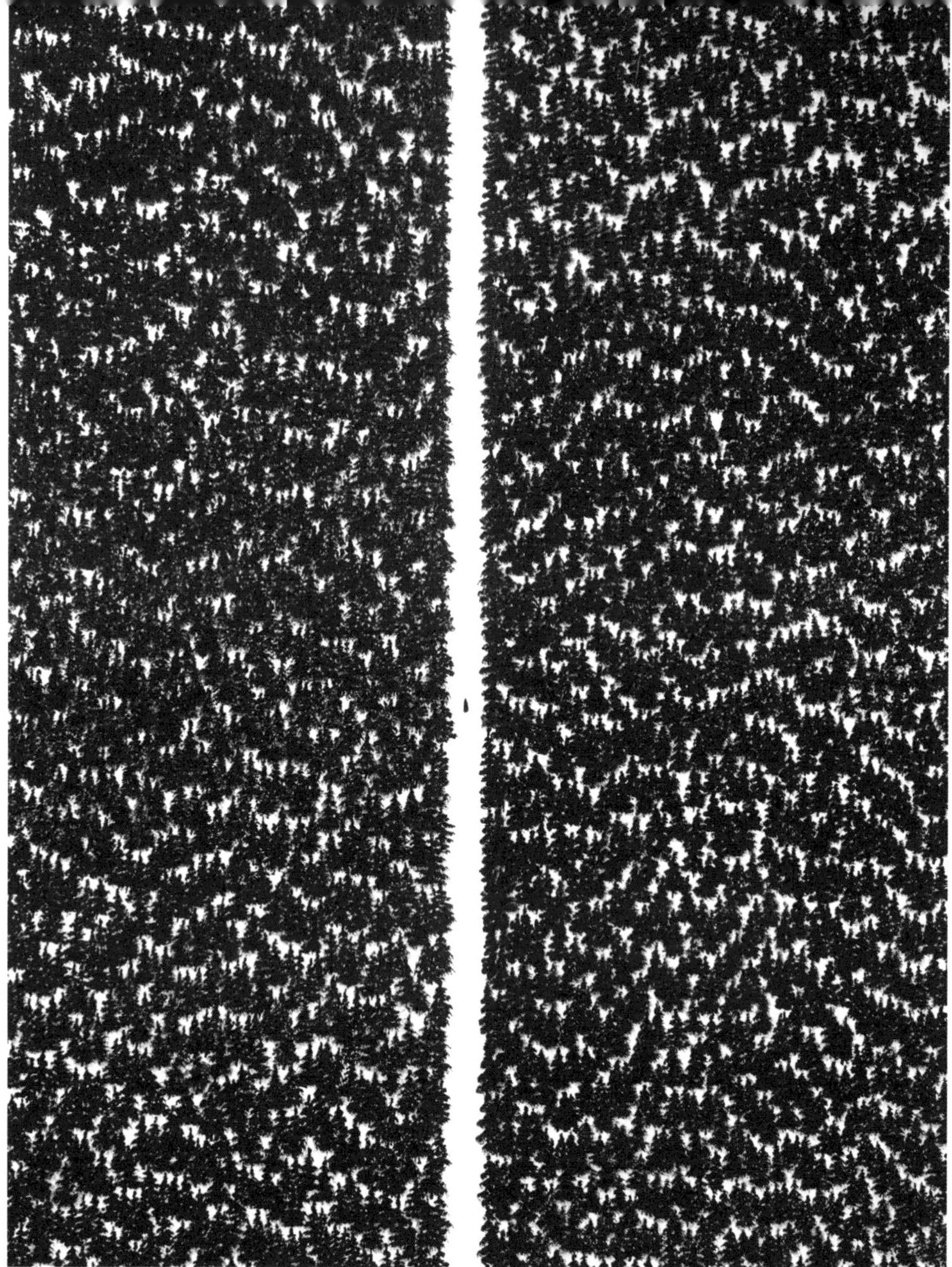

손정기 〈Forest〉, 91x117cm, Acrylic on canvas, 2020

나무는 부러져도 계속 자라듯 사람도 넘어지면 일어나 묵묵히 자신의 삶을 살아나간다. 그래서 숲을 보면 군중이 몰려 있는 것 같고, 군중을 보면 숲을 보는 것 같은 기분이 든다. 또 나무는 따로 존재하는 것처럼 보이지만 땅 아래의 뿌리가 서로 연결되어 있듯이 사람도 한 명의 변화가 공동체를 변화시키고 공동체는 사회를, 사회는 지구를 움직인다. 그렇게 우주는 돈다.

로써, 슬픔과 고독을 멀리했던 자기 자신과 대면하기를 바라는 마음을 표현한다. 그래서 그의 작품을 처음 마주하면 숨기고 싶었던 나 자신을 마주하는 기분이다. 누구에게도 들키고 싶지 않은 나만의 세계를 보는 기분인데 어쩐지 후련해지는 느낌도 든다. 그래서 작가는 "고요한 마음으로, 해답을 갈망하지 않고 경계에 서 있는 열린 마음으로" 작품을 감상하길 추천한다. 빠르게 흘러가는 현대사회에서 자신만의 고요함이 필요한 이들, 자발적인 침묵과 그 시간을 느끼고 싶은 이들, 그러나 그것을 어떻게 해야 할지 모르는 이들에게 작가의 작품을 추천한다.

작가는 다양한 크기의 작품을 제작하는 편이다. 작업기간은 A3 사이즈를 제작하는 데 하루 정도 걸리고 30~80호 사이즈는 평균적으로 일주일에서 1개월이 소요된다. 작품의 평균가는 호당 6만 원 선이며, 다양한 사이즈의 작품을 작업하는 만큼 컬렉터들이 선택할 수 있는 폭이 넓다.

손 정 기

작가

약력

개인전

2020 밤의 경계에서 전, 갤러리빈칸, 서울
2018 경계에 대하여 전, JY아트갤러리, 서울
2017 My Universe 전, 논스탠다드, 포항
2016 꽃과 우주 전, 갤러리더인, 서울
꽃과 우주 전, 트랜드앤코, 서울
감성을 보다 전, 갤러리카페 오브아, 서울
2015 1st 손아트 개인전, 갤러리카페 휘게, 서울

단체전

2017 제1회 청남대 재즈토닉 페스티벌 단체전, 청남대, 청주
2016 선물 전, 갤러리더인, 서울
잔스포츠 주관 Create My Bag 전, 동대문ddp, 서울
2015 오롯이-84th 겟썸 전, 갤러리크랑데, 서울
코니스튜디오X코리아 스타일 위크 주관 Whatever, It's my style 전, 코엑스, 서울

찰나의 순간을 영원으로 기록하는 작가, 임채광

인스타그램 leem.c_2015

임채광 〈Ordinary moment〉, 60.6x50.0cm, 장지에 혼합재료, 2020

캔버스에 이미지로 표현되는 자국은 작가와 캔버스를 이어주는 순간을 기록한 것이며, 찰나의 순간을 지나는 다양한 풍경들의 이야기를 담고 있다. 돌이킬 수 없는 과거와 새로운 기억으로 채워지는 현재 사이를 잇는 기록은 자신을 되찾는 과정이자 상실과 찰나가 지닌 가치를 이야기한다.

작가의 작업노트: 파랑은 생명의 시작을 대표하며, 존재성을 가진 무수한 것들의 색이다. 파랑은 물의 색이고, 시간의 색이고, 존재의 색으로 무한한 에너지를 가지고 있다. 색이 주는 밝음과 어두움은 나를 닮은 색이었고 나의 색이 되었다. 그렇게 찰나에 집중한 순간을 남기며 작업이 시작된다. 점으로부터 시작되었고 더욱 선명해져가는 중이다.

붓 자국들이 모여 나타내는 어떠한 형태는 보통의 순간에서 시작된 감각의 확장 또는 존재 가치를 증명하는 과정이라고도 할 수 있다. 자연히 지나가는 매 순간들은 하나같이 같은 것이 없었다. 나로부터 시작되어 만물의 매 순간 또한 그러하였다. 내면의 날것을 표현하고 내보이며 온전한 자신을 만나는 과정이 된다. 나아가 같은 모습으로 같은 순간을 지나는 모든 것의 존재 가치를 이야기한다. 상실이라는 시대적 가치에 대한 의견이고, 나의 이야기다.

아트딜러의 설명: 임채광 작가의 작품은 과감하고 세밀하다. 큰 터치에 시선을 압도시켰다가 그 안에서 피어나는 생명체에 감탄을 자아내게 된다. 작가는 "순간을 남기는 밑 작업이 가장 중요하고 어렵다."고 이야기한다. 작가의 작품을 마주할 때는 순간에 남기는 큰 붓 터치를 보며 찰나가 주는 의미를 생각한 후, 디테일한 부분을 한 번 더 봐야 한다.

작가는 순간을 남기기 위해 만족할 때까지 스스로 다그치면서 자신만의 기둥을 작품에 쌓아간다. 밑 작업 기간에 따라 제작기간이 상이하지만 평균 한 달 정도 소요된다. 작품의 평균적인 제작 사이즈는 30~100호이며, 평균 금액 선은 210~800만 원 등 크기와 기타 요소들에 따라 작품가가 책정된다.

임채광 작가는 지켜봐주는 분들을 떠올리며 작가로서의 작업 활동에 집중하고 있다. 자신의 작품을 소장한 누군가를 위해서 더 좋은 작품을 제작하려고 노력 중이다. 이런 그가 꿈꾸는 미래는 '꾸준하게 그림을 그리는 사람'이다. 많이 표현하고 많이 보이기 위해 꾸준하게 자신의 길을 걸어가고자 한다.

임채광 〈Ordinary moment〉, 116.8x91.0cm, 장지에 혼합재료, 2020
찰나의 순간을 기록하기 위해 다양한 이미지를 넣어가는 중이다. 매 순간에 다양한 존재들이 흘러간다. 같은 모습이지만 각자의 가치를 지닌 물고기가 되기도 하고, 때로는 피고 지는 꽃이 되기도 한다.

임 채 광

작가

약력

개인전

2020 보통의 순간 상상갤러리 초대전, 창동예술촌, 창원
2019 Leave a Moment 갤러리ET 초대전, 창동예술촌, 창원
2018 Blue Lve 전 기획초대전, 갤러리큐브, 영천
영감의 순간 초대전, 창원파티마갤러리, 창원파티마병원, 창원
임채광 기획초대전, 갤러리시선, 김해
2017 가치증명 전-너트프라이즈 선정작가 개인전, 갤러리너트, 서울
시간을 메우다 전, 대안공간눈, 수원
보통의 순간 기획초대전, 조이갤러리, 청도

단체전

2020 부산국제화랑아트페어, 벡스코, 부산
모락모락 기획공모, 갤러리일호, 서울
경남갤러리 개관기념 특별기획초대전, 경남갤러리, 서울
GAZE_창원,시선-창원청년작가초대전, 창동아트센터, 창원
경상남도 도청 청년작가초대전, 경남도청갤러리, 창원
2019~2014 경남국제아트페어 부스전, 창원컨벤션센터, 창원
2019 아시아 컨템퍼러리 아트쇼, 홍콩
대구아트페어 부스전, 벡스코, 대구
GAZE_창동예술촌 아트센터 기획초대전, 창동아트센터, 창원
7인7색 전-파티마아트페어, 창원파티마병원, 창원
2018 마산청년미술제, 3.15아트센터, 창원
아트컬렉션 전, 갤러리큐브, 영천
2017 그림도시X오픈스튜디오, 우사단로, 서울
S.H.E-호텔산업 아트부스전, 코엑스, 서울
따로 또 같이 전-토카아트, 구루지갤러리, 서울
서정아트센터 신진작가 초대 6인전, 서정아트센터, 서울

*최근 4개년 위주로 중요한 전시만 정리했다.

영혼의 안식처를 마련해주는 작가, 이상헌

인스타그램 lee.sang_heon

이상헌 〈별 헤는 밤〉, 100×80.3cm, 장지에 채색, 먹, Acrylic, 2020

별 헤는 밤은 내가 항상 거실에서 보는 밤 풍경으로 우리가 쉽게 잊고 있는 자연의 모습을 상기시키고 우리에게 안식처를 떠오르게 한다.

작가의 작업노트: 자연의 기운은 생명 전체에 퍼져 있는 영양분과 같으며 이것은 우리의 내면에 축적되어 있다. 눈으로 볼 수는 없지만 우리에게 깊숙이 스며들어 안식처가 되어준다. 내면에 잠재된 자연은 표출되어 자연의 형상을 본따기도 하고 다시 지워지기도 하는 과정을 반복한다. 반복은 자연의 속성이자 과거와 현재를 이어주는 것이기에 시간의 지속성과도 관련하여 해석할 수 있다. 화면은 시간에 의한 기록적인 형태로 존재하지 않고 새로운 의미의 시간과 기억이 생성되는 열린 장이 되어 감상자의 무한한 상상력이 개입하도록 유도한다.

아트딜러의 설명: 이상헌 작가의 작품은 교차된 선의 미학에서 출발한다. 작가는 "선은 그 자체가 감정, 즉 미적 즐거움을 표현하는 능력을 지니고 있기 때문에 자신의 감정에 따라서 감정이 실린 선, 생명이 있는 선 등 자유롭게 사용하여 감정 표현을 할 수 있다."고 작품의 큰 틀을 소개한다. 셀 수도 없는 많은 선과 점이 들어간 작품이지만 색채에서 느껴지는 고요한 분위기와 잔잔한 색감은 오히려 화면을 평화롭게 비춘다. 동양화의 안료를 사용한 것도 한몫했다고 생각하는데, 먹이 주는 무게감이 조화롭게 어우러져 있다. 이러한 감각적인 배치를 통해 '이상향적인 무한의 펼침'을 만들어내는 것이다.

작품은 다양한 감정을 담고 있다. 선들의 중첩을 통하여 공간을 희석시키고 또 다른 풍경으로 탈바꿈시킴으로써 아련하게 만든다. 작

이상헌 〈바람이 분다〉, 90.9x72.7cm, 장지에 채색, Acrylic, 2019
나의 마음을 아련하게 한 마을의 모습을 작품에 담아내고, 그 속에 또 다른 나의 내면을 선을 통하여 재해석했다. 작품을 보는 이에게 마음의 안식처를 마련해주어 새로운 가치를 창출하는 데 목표가 있다.

가가 표현한 무수히 많은 선의 범람을 감상하기를 바란다.

작품의 제작기간은 4~6개월 정도로 시간이 오래 걸리는 편이다. 작품 사이즈를 기본 50호 내외로 작업하고 있으며, 조금 더 확장해보고 싶은 작품은 100호로 작업하고 있다. 작품가는 40~50호 기준으로 300~500만 원 선이다. 작가는 작업이 삶의 원동력이고, 작품을 통하여 많은 사람에게 안식처를 제공하는 것을 목표로 하고 있다. 작품이 주는 고요 속의 무한함을 발견하고 싶다면, 지금 작가의 작품을 주목해보자.

이 상 헌

작가

약력

개인전 및 초대전

2021 유니온아트스페이스(21.3.15~29), 서울
갤러리다온(9.6~17), 서울
오라운트 초대전(1.5~3.30), 오라운트, 경기광주
2020 아트광주20 개인 초대전, 김대중아트센터, 광주
너트프라이즈 선정 초대전, 너트갤러리, 서울
2018 또 다른 풍경, 강릉시립미술관, 강원
2013 바람이 분다, 갤러리피프틴, 서울
2012 겹Layer, 장천갤러리, 서울
이브자리 기획 초대전, 이브갤러리, 서울
2009 還환, 인더박스갤러리, 서울
2008 Value, 푸르지오갤러리, 서울
에비슈라 기획 초대전, 에비슈라문화공간, 서울
2007 Combination, 학고재아트갤러리, 서울
2006 About, 갤러리피프틴, 서울

단체전 및 기획전

2020 예술과 삶-KSBDA국제특별전, 세종문화회관미술관, 서울
한국기초조형학회 춘계 국제학술대회 및 작품전, 서울과학기술대학교, 서울
기획공모 모락모락 전, 일호갤러리, 서울
한국기초조형학회 베이징 국제초대작품전, 베이징이공대학교, 중국
장자, 강강술래 하다, 금보성아트센터, 서울
대한민국 미술대전, 용인옹기아트센터미술관, 용인
미누 영 아티스트, 미누현대미술관, 경기
신진작가 초대 단체전, 산울림아트앤크래프트, 서울
국립현대미술관 정부미술은행 공모선정
아트광주20-온라인쇼, 김대중아트센터, 광주
아트프라이즈 강남 2020, 논현동가구거리, 서울
에코락 기획전-컬러를 걷는 사람들, 에코락갤러리, 서울
한국기초조형학회 인사아트센터 국제특별전, 인사아트센터, 서울
서울시 미술작품 공모선정
2019 북경비엔날레-한국특별전, 중국국립미술관, 중국
한국기초조형학회 춘계 국제학술대회 및 초대작품전, 백석대학교 조형관, 천안
한국기초조형학회 퍼듀대학교 국제학술대회 및 초대작

품전, 퍼듀대학교, 미국
21세기 동문 전람회, 인영갤러리, 서울
한국기초조형학회 모스크바국제학술대회 및 초대 작품전, 알렉세이코스긴대학교, 러시아
한국미술협회전, 예술의전당 한가람미술관, 서울
한국기초조형학회 추계 국제학술대회 및 초대작품전, 동대문ddp, 서울
대한민국미술대전, 안산문화예술의전당, 경기
부평옥션 White Sale, 부평아트센터갤러리꽃누리, 인천
공간 날집 개관 기념, 한국화 릴레이전, 공간날집, 서울
MY Z:IN with Collast, LG지인 강남점, 서울

2018 대한민국 미술축전, 킨텍스, 일산
IBK기업은행 신진작가전, IBK기업은행 본점, 서울
평창문화올림픽 아트배너전, 올림픽공원, 서울
부산비엔날레-미술은 지금이다, 부산
아시아프 아시아 대학생&청년작가 미술축제, 구 서울역사, 서울

2007 MANIF13! 07서울국제아트페어, 예술의전당 한가람미술관, 서울

2006 아트서울, 예술의전당 한가람미술관, 서울

*최근 5개년 위주로 중요한 전시만 정리했다.

레지던스

2008-2007 이천창작스튜디오 2기 입주 작가

수상

2020-2019 제39회, 제38회 대한민국미술대전 비구상 특선
2018 IBK기업은행 신진작가 공모전 최우수상
대한민국미술대전 비구상 서울시의회의장상
2010 대한민국미술대전 특선
2007 금호미술관 창작스튜디오 2기 입주 작가 선정
2006 컬러엑스포 색채갤러리 초대 작가전 우수작가상
청년작가 조망전 EPOCH Exhibition 우수상
소사벌미술대전 우수상
2005 대한민국미술대전 특선
2004 월간미술세계주최-신진작가발언전 동양화 부문 우수상
2002 육군 진중창작공모전 장려상
2001 육군 진중창작공모전 최우수상

작품 소장

국립현대미술관(미술은행), 국립현대미술관(정부미술은행), 서울시청, 용산드래곤시티호텔, 롯데호텔서울 이그제큐티브 타워, 인천대법원, 이브자리, (주)인영기업, 한국미술협회, 대성산업, 주얼리시티 외 다수 개인 소장

프로젝트

영화 〈상의원〉, 〈음란서생〉, 탑골에서 부는 바람 전, 박칼린 연출 뮤지컬 〈더블루〉, 연극 〈레드〉

빛으로 마음을 치유하는 작가, 최윤정

이메일 cyjw1004@nate.com

최윤정 〈Illusion 29〉, 53x80cm, oil on canvas, 2019

전시가 끝나고 작품을 철수하던 날, 홀가분한 마음으로 처음 가본 공원 벤치에 앉아 잠시 쉬며 바닥에 스며든 나무의 그림자를 바라보았다. 그림자는 머무르다가도 금방 흐려지기도 하고 바람에 따라 흔들리기도 해서 더 아름답게 느껴졌다. 이 그림은 나의 서른 살 첫 그림이라 더 뜻깊다.

작가의 작업노트: 어느 날 나는 매일 오고 가는 차갑고 딱딱한 공간에서 작은 바람에 일렁이며 영롱하게 빛나는 나무의 빛과 그림자를 마주했다. 그 현상이 공간에 잠시 머무를 때, 난 그 장소가 처음인 듯 새롭고 신비하여 한동안 멍하니 대상을 바라보았다. 그 따스한 경험으로 인해 지루하고 힘들었던 날들을 위로받았고 내 곁에 있는 존재의 소중함을 알게 되었다. 매일 반복되고 있는 평범한 일상일지라도 별것 아니거나 감사하지 않은 순간이 없는 것처럼, 우리도 주변에 머물며 반짝거리는 빛들과 같이 매 순간 흔들리며 빛나고 있음을 이야기하고자 한다.

아트딜러의 설명: 최윤정 작가는 빛으로 마음을 치유하는 작가다. 반짝이는 빛 뒤에 드리워진 그림자 같은 시간 속에서 자신을 발견하고 그 마음을 빛으로 승화했다. 작가는 "컴컴한 밤을 지나 눈부신 아침을 맞이하듯, 빛과 그림자는 늘 우리 곁에 있다."고 이야기한다. 빛과 어둠의 경계를 모호하게 풀어내는 과정을 통해 보는 이에게 휴식을 전달하려는 것이다. 그래서인지 작가의 작품을 바라보면 사색에 잠기게 된다. 빛과 그림자의 조화가 만들어낸 평화로움은 하루의 지친 마음까지 다독인다. 작품 평균 제작기간은 3주~2달이 소요된다. 작품가격은 40~60호 기준으로 360~480만 원 선이다. 작품에서 느껴지는 작가의 진중함 만큼이나 제작기간이 긴 편이다. 작가는 전업 작가로서 많은 사람의 마음을 따뜻하게 감싸 안을 수 있는 작품을 세상에 선보이길 희망한다.

최윤정 〈Illusion 13〉, 91x91cm, oil on canvas, 2017
무더운 여름 우리 집 강아지와 산책하던 길. 나무가 울창한 공원 언덕에서 마주한 몽글몽글한 빛과 그림자는 내 발걸음을 잠시 멈추게 했다. 시원한 바람과 함께 조금은 천천히 여유를 느끼며, 그날에 느낀 감정들과 색감을 오래 간직하고자 캔버스에 담아냈다.

최 윤 정

작가 약력

개인전

2019 Illusion, 광동제약 가산청년정원, 서울
빛이 머물던 시간, 움갤러리, 경기

2018 Stay at the Moment, 주식커피코시나(퍼블릭갤러리 주최), 서울

2017 순간에 머무르다-남의 집 프로젝트, 수다캠프, 서울

단체전

2020 빛과 상상의 나라, 부산시립미술관, 부산
아트아시아, 코엑스, 서울
청춘페이지, 예술의전당 한가람미술관, 서울
Wonder Kiddy, 갤러리다온, 서울

2019 내 이름은 빨강머리 앤, 갤러리아포레, 서울
Midgard, 갤러리다온, 서울
기억의 창고-영 아티스트전, 갤러리두, 서울

2018 Mood, Emotion, At the Moment, 갤러리엘르, 서울
Mix&Match, 충무아트센터갤러리, 서울
한여름 밤의 그림전, 가고시포갤러리, 서울
청정구역, 인사아트프라자갤러리, 서울
Green the Planet2, 갤러리다온, 서울
천지만물, 토스트갤러리, 서울
Green the Planet, 아트컴퍼니긱, 서울
Departure 기획초대전, 갤러리m, 서울

2018·2017 아시아프 아시아 대학생&청년작가 미술축제, 동대문ddp, 서울

2017 Rooting for U 연말 초대전, 인사아트프라자 갤러리, 서울
아트경기2017 깊고 짙은 마음, 고양 벨라시타, 경기
여수 국제아트페스티벌 통, 여수세계박람회장, 여수
The Flower 3인 기획초대전, H.art bridge_ANW, 서울
모락모락 기획공모전, 갤러리일호, 서울
Realism 사진 그 이상의 회화, 에코락갤러리, 서울
모던 아트쇼 Art mining, 예술의전당 한가람미술관, 서울

2015 고양시 호수예술제 미술장터, 일산 호수공원, 경기
비앙 비앙 3인 기획전, 토포하우스, 서울

2014 사제동행, 유나이티드갤러리, 서울

2013·2012 아시아프 아시아 대학생&청년작가 미술축제, 문화역서울284, 서울

2013 두 걸음 기획초대전, 아뜰리에35, 화성

수상

2014 나혜석미술대전 최우수상

2013 단원미술제 입선

작품 소장

국립현대미술관 정부미술은행, 서울시 문화본부 박물관과, 수원시청, 코키아 어린이병원

부록 2

일기처럼 쓰는 그림투자 기록 노트

온라인 아트페어나 작가들의 SNS에서 그림을 보기 시작했다면 한 걸음 더 나아가보자. 그림을 꼭 구매하지 않더라도 인상 깊은 작가와 작품에 대해 기록해두면 내 취향을 알 수 있고, 미술시장의 흐름을 파악할 수 있다. 그림투자 기록 노트를 여러 장 복사하거나 필요한 항목만 따로 적으면 나만의 그림투자 노트를 완성할 수 있다.

작품명:

작품 구매일(또는 작품을 만난 날):

작품 구매 목적(또는 작품을 만난 경로):

작품	크기(호수)	
	재료	
	주제 또는 의미	
작가	연령대	
	경력, 최신 이력 (해외 아트페어 참가 여부)	
	개인 SNS, 이메일 주소	
	소속 갤러리, 주 활동 지역	
	작품의 주요 특징	
	경매 출품 여부와 낙찰가	
	소장처 및 소장자	
감상평	나의 감상 (느낌, 어울릴 만한 곳 등)	
	구매처의 평가	
	구매처와 무관한 전문가의 평가	

<table>
<tr><td rowspan="4">구매처</td><td>구매처</td><td></td></tr>
<tr><td>담당자 성함 및 연락처</td><td></td></tr>
<tr><td>구매 액수와 결제 방법
(현금 진행 시 현금영수증 발급 여부)</td><td></td></tr>
<tr><td>계약특이사항
(몇 년간 재판매 금지, 구매처에서 재판매에 도움을 준다는 조약 등)</td><td></td></tr>
<tr><td rowspan="3">관련 서류</td><td>진품확인서 또는 보증서</td><td></td></tr>
<tr><td>호당가격확인서(국내작가)</td><td></td></tr>
<tr><td>거래 시 받은 서류</td><td></td></tr>
<tr><td rowspan="2">예상 재판 매루트</td><td>예상 보유기간</td><td></td></tr>
<tr><td>예상 판매처</td><td></td></tr>
<tr><td>그 외</td><td>관리 방법 및 특이사항</td><td></td></tr>
</table>

이미지 출처
17쪽 © 2021 The Andy Warhol Foundation for the Visual Arts, Inc. / Licensed by SACK, Seoul
18쪽 ©2021-Succession Pablo Picasso - SACK(Korea)
97쪽 © Marc Chagall / ADAGP, Paris - SACK, Seoul, 2021
60, 115, 156쪽 갤러리 K

월 10만 원 그림투자 재테크

2021년 3월 10일 초판 1쇄 | 2022년 3월 25일 4쇄 발행

지은이 한혜미
펴낸이 최세현 **경영고문** 박시형

책임편집 김유경 **디자인** 박선향
마케팅 이주형, 양근모, 권금숙, 양봉호, 신하은, 정문희
디지털콘텐츠 김명래 **해외기획** 우정민, 배혜림
경영지원 홍성택, 이진영, 임지윤, 김현우
펴낸곳 (주)쌤앤파커스 **출판신고** 2006년 9월 25일 제406-2006-000210호
주소 서울시 마포구 월드컵북로 396 누리꿈스퀘어 비즈니스타워 18층
전화 02-6712-9800 **팩스** 02-6712-9810 **이메일** info@smpk.kr

ISBN 979-11-6534-317-0 (03320)